[最新]

教えて考えさせる授業 小学校

深い学びとメタ認知を促す授業プラン

市川伸一 ICHIKAWA shin'ichi
植阪友理 UESAKA yuri
[編著]

図書文化

はじめに

　「教えて考えさせる授業」を提案し，私たち（市川・植阪）が全国各地の学校と連携しながら実践研究を盛んに進めるようになってからほぼ10年が経過した。例年行われている「教えて考えさせる授業」セミナー（OKセミナー）も，今年（2016年）の8月には第9回を迎える。本書は，現在「教えて考えさせる授業」に取り組んでいる学校と教員の方々に執筆いただき，全面改訂を行った最新の小学校版実践事例集である。

　「教えて考えさせる授業」は，「教師の説明」「理解確認」「理解深化」「自己評価」という枠組みに基づいた授業設計論だが，この3～4年の間，私たちがとりわけ感じているのは，各地の実践が量的に拡大しているというだけでなく，質的にも大きく向上しているという点である。4段階に形式的にあてはめただけの授業が少なくなり，意味理解，メタ認知，協同参加（学び合い）を重視するというコンセプトが浸透してきたように思う。

　学習指導要領の改訂をめぐって，習得・活用・探究の学習プロセスの中で，アクティブ・ラーニングの視点に立った授業が目指されている現在，「教えて考えさせる授業」は，習得の学習におけるアクティブ・ラーニングを含んだものとしてあらためて見直されることを期待している。理解確認での相互説明活動や，理解深化での協同的問題解決というアクティブ・ラーニングなしに，いきなり高度な探究型アクティブ・ラーニングは望むべくもないからである。

　さらに，「教えて考えさせる授業」が強調しているのは，教師が教材・教具を工夫してわかりやすく教え，児童・生徒が基本的な知識を共有することによって，深い学び，対話的な学び，主体的な学びという，アクティブ・ラーニングの要件が達成できるということである。本書のPart 1で概説するが，共通の知識基盤があってこそ有効な協同的問題解決やコミュニケーション活動ができるというのが，私たちが理論的な支柱としている認知心理学の重要なメッセージなのである。

　実践の飛躍的な質的向上の背景には，ここ3～4年の間に3つの大きな出来事があったからではないかと私たちは考えている。1つには，「困難度査定」という考え方（Part 1 §2参照）を強調したことだ。個々の授業における子どもの困難度を考慮して，教える工夫，考えさせる工夫を入れるという授業づくりが浸透し，「教えて考えさせる授業」の指導案にも明記されるようになった。

2つめには，校内研修の方法として，ワークショップ型研修の一種である「三面騒議法」（Part1 §2参照）が実践校の間で日常化したことである。これは，まさに「教員のアクティブ・ラーニング」ともいえるものだ。講師や一部ベテラン教員のコメントを聞くことに終始しがちな授業検討会から，小グループ内で全員が発言し，改善案を建設的に出し合うようになり，学校は自律的な授業改善が行えるようになってきた。

　そして3つめには，何といっても，核となるようなモデル校がいくつか現れたことである。初期にはどの学校も手探り状態であった中から，優れた取組，優れた授業が現れ，それが研究公開されると，「教えて考えさせる授業」のイメージが伝わっていくことになる。校長や教員スタッフの異動で実践の継続がむずかしくなる学校もある一方，それを上回る勢いで実践が広まっているというのが実感である。

　本書は，そうした中で，小学校における最近の授業と学校全体の取組を紹介するものである。Part2に掲載された20の授業事例は，いずれも実際に実施されたもので，それを踏まえて指導案を修正した場合は，その旨を記している。「教えて考えさせる授業」の4段階に沿った授業構成であることは共通だが，授業者の個性，特徴が強く現れたものとなっている。

　本書の読者は学校教員の方が多いと思われるが，これらを参考事例，たたき台としながら，さらに自分なりの授業づくりを進めていただければと思う。「教えて考えさせる授業」は，授業における「起承転結」のような大きな枠組であり，そこにどのような内容を入れていくかは，個々の先生方しだいだからである。これを機に，「教えて考えさせる授業」がより広く理解され，さらに優れた実践が生まれることを期待したい。

　最後になってしまったが，私たち編者としては，多忙な中，快く執筆を引き受けてくださった執筆者の方々，原稿の整理や調整の労をとっていただいた図書文化社の大木修平さんに心より感謝したい。また，この場を借りて，「教えて考えさせる授業」の実践研究を継続してきた学校の皆様と，いつも模擬授業や事例検討の場を提供していただいている認知カウンセリング研究会の方々に感謝申し上げたい。

　2016年7月

編者　市川伸一・植阪友理

目次

[最新] 教えて考えさせる授業 小学校
深い学びとメタ認知を促す授業プラン

はじめに …… 002

Part 1 「教えて考えさせる授業」設計と展開のポイント

- §1 「教えて考えさせる授業」とその展開状況 …… 008
- §2 「教えて考えさせる授業」づくりの工夫と注意 …… 014
- §3 学び方と学習観を育てる「教えて考えさせる授業」 …… 022
- §4 教育の新しい動向と「教えて考えさせる授業」 …… 028

Part 2 教科別授業プラン

- §1 **算数／2年　分数**
  「半分の半分」を分数で表す …… 036

- §2 **算数／4年　直方体と立方体**
  立方体になる展開図について考えよう …… 042

- §3 **算数／5年　平均とその利用**
  部分の平均から,全体の平均を求めるには …… 048

- §4 **算数／6年　ともなって変わる量**
  「比例・反比例・どちらでもない」を判断するには …… 054

§5 **国語**／3年　国語辞典の使い方
見出し語の順序を理解する …… 060

§6 **国語**／4年　説明文の構造をつかむ
筆者の「考え」と「その理由」を読み取る …… 066

§7 **国語**／5年　わかりやすく伝える
推敲の力をつけるには …… 072

§8 **国語**／5年　物語文「わらぐつの中の神様」
人物像を「価値観」という視点からとらえる …… 078

§9 **理科**／4年　もののあたたまり方
水と金属のあたたまり方の違い …… 084

§10 **理科**／5年　流れる水のはたらき
この川の防災対策は大丈夫？ …… 090

§11 **理科**／6年　てこのはたらき
支点，力点，作用点はどこにあるか …… 096

§12 **社会**／3年　私たちのくらしとお店ではたらく人々
身近な資料から「なぜ」を考える …… 102

§13 **社会**／5年　情報化した社会とわたしたちの生活
なぜ総合病院は情報ネットワークを導入しているのか …… 108

§14 **社会**／6年　国民主権と選挙
自分のこととして選挙を考えよう …… 114

§15 **家庭**／5年　工夫しよう，さわやかな生活
「衣服の汚れ」を目で見てみよう …… 120

§16 **体育**／6年　ゴール型のボール運動／バスケットボール
状況に応じた技能を身につける …… 126

§17 **音楽**／6年　日本音楽の創作活動
ぼくも　わたしも　作曲家 …… 132

§18 図工／2年 ぼかし遊び
魔法をかけて，生まれた世界は …… 138

§19 外国語（英語）／6年 When is your birthday?
基本文の一部を変えて表現する …… 144

§20 道徳／6年 いろいろな立場から考える
「泣いた赤鬼」を高学年で読み直す …… 150

Part 3 実践校の取組レポート

§1 ［北海道］室蘭市立八丁平小学校
教師による的確な説明と理解確認の工夫 …… 158

§2 ［東京都］品川区立第二延山小学校
自立した学習者の育成 …… 168

§3 ［沖縄県］うるま市立宮森小学校
「教えて考えさせる授業」で国語・算数の学力向上を実現 …… 178

§4 ［大阪府］貝塚市立東山小学校
課題の難易度を下げずに
すべての子どもがわかる授業を目指す …… 188

Part 1

「教えて考えさせる授業」設計と展開のポイント

「教えて考えさせる授業」とその展開状況 §1
「教えて考えさせる授業」づくりの工夫と注意 §2
学び方と学習観を育てる「教えて考えさせる授業」 §3
教育の新しい動向と「教えて考えさせる授業」 §4

§1 「教えて考えさせる授業」設計と展開のポイント

「教えて考えさせる授業」と その展開状況

●東京大学 市川伸一

① 「教えて考えさせる授業」とは

　「教えて考えさせる授業」というのは、けっして奇抜な授業論ではない。一方では、「教師が児童・生徒にひたすら教えるだけの授業」にならないように、他方では、「教師が教えることをせずに、ひたすら考えることを促すだけの授業」にもならないように、両者のバランスとメリハリを考慮した授業にしようという、「超オーソドックス」ともいえる提案である。

　ただし、私があえて「教えて考えさせる授業」というとき、定義ともいえる最低限の基本的特徴をあげている。それは、「教師の説明」「理解確認」「理解深化」「自己評価」という4つの段階が考慮されているということである。「教える」が「教師の説明」にあたり、「考えさせる」が「理解確認」「理解深化」「自己評価」にあたる。

　「教える」というのも多義的な言葉だが、ここでは「教師から何らかの情報提示（図示や演示も含む）をする」というごく一般的な意味で用いている。児童・生徒のほうはその情報を理解して取り込むという学習（教育心理学用語でいえば「受容学習」）をすることになる。場合によっては、予習を求めることもあるが、これも児童・生徒が教科書の執筆者から教わるという意味で一種の受容学習であり、「教える」に含めて考える。

　しかし、教師がわかりやすく説明したつもりでも、子どもにとっては、「本当に自分が理解できているのか」、教師にとっては、「子どもがわかったのか」を何らかの課題を通して確認する必要がある。これが「理解確認」である。その上で、問題解決や討論を通じて理解を深めるのが「理解深化」になる。自己評価は、いわゆる「振り返り」の活動で、この授業で自分がわかったこと、まだよくわからないことなどを記述する。

　もっとも、この4段階を踏まえているというのは、定義を満たしているというだけの形式的なものであって、「教えて考えさせる授業」の典型や代表とはいえないことに注意してほしい。「深い理解と、自分の学習状態を自己診断する力を育てる」という趣旨に沿って各段階に肉付けするならば、次のようなことを私はあげたい。

・「教える」の部分では，教材，教具，操作活動などを工夫したわかりやすい教え方を心掛ける。また，教師主導で説明するにしても，子どもたちと対話したり，時おり発言や挙手を通じて理解状態をモニターしたりする姿勢をもつ。
・「考えさせる」の第1ステップとしての「理解確認」では，「教科書や教師の説明したことがわかっているか」を確かめるため，子ども同士の説明活動や教えあい活動を入れる。これは，問題を解いているとは限らないが，思考・表現活動として重視する。
・「考えさせる」の第2ステップとしての「理解深化」では，類題のドリルではなく，子どもが誤解していそうな問題や，知識の活用を促す発展的な問題を用意する。小グループによる協同的問題解決で，参加意識を高め，コミュニケーションを促したい。
・「考えさせる」の第3ステップとして，授業を振り返って「わかったこと」「まだよくわからないこと」「さらに考えてみたいこと」などを記述させる。子どものメタ認知を促すとともに，教師が授業を今後どう展開していくかを考えるのに活用する。

② 提案したころの教育界の動向

　私がこの言葉を直接的に使い始めたのは，2001年からである。当時は「学力低下論争」のはなやかなころであり，私は脇役的な立場でこの論争に関わっていた。私自身は，学習意欲の低下やそれに伴う基礎学力の低下は認めるものの，当時文部省が進めようとしてきた教育改革路線，特に，学校のスリム化，総合的学習の導入，完全週五日制の実施，地域の教育力充実などには，賛成という考えをもっていた（市川，2002）。

　その中で，「習得と探究の学習のバランスとリンク（結びつき）をとること」「習得を目指した授業では，子どもの自力解決や協同解決に委ねた『教えずに考えさせる授業』ではなく，教師が基本的なことを教えた上で，問題解決や討論を行うという『教えて考えさせる授業』を基調とすること」を講演，教育雑誌，中央教育審議会（中教審）の教育課程部会などで主張してきた。

　「ゆとり教育」という規定路線と学力低下論のはざまにあった文部省（2002年からは文部科学省）は，この折衷的ともいえる提案をかなり気に入ってくれたようだった。全国指導主事を対象にした文部省主催の講演会以降，省の編集する『初等教育資料』『中等教育資料』などの雑誌で，私がこのテーマについて書く機会を与えてくれた。

　2005年10月の中教審答申「義務教育の構造改革」の中には，「習得型の教育と探究型

の教育」「教えて考えさせる教育」などの言葉が入ってきた。その後，2008年3月の学習指導要領改訂に至るいくつかの答申の中では，「習得，活用，探究」「教えて考えさせる指導」というネーミングになっていく。このころ「教えて考えさせる」というフレーズをはじめて目にしたという方も多いと思われる。

③ 教育関係者の反応はどうだったか

　「教えて考えさせる授業」という言葉，あるいは，その基本的な考え方を聞いた教育関係者の反応は様々であった。一方では，「何をあたりまえのことを言っているのか」という反応がある。高校教員や社会人には比較的多い。しかし，少なくとも，高校の授業の現状では，教師が説明したあとの「理解確認」や，授業の終わりの「自己評価」などはまず行われておらず，教師の一方通行的な授業に陥りがちなことは認めてくれる。

　他方では，「とんでもない。未習事項を先に教えてしまったら，子どもに考える力がつかないではないか」という大反論が来ることがある。いわゆる「問題解決」や「自力解決」を信条としている教育研究者や実践家にはこの反応がよくみられた。私は，そうした授業を「教えずに考えさせる授業」と呼んで批判してきたので，反論が来るのは当然かもしれない。これらに対する再反論は，すでに詳述しているので，ここではあえて繰り返さない（市川，2013a）。

　しかし，講演や研修での多くの先生方の反応は，非常に好意的なものだった。しかも，この10年ほどの間に，講演の中で，具体的な指導案や授業ビデオを出すことが増えてきたため，その傾向は強くなっている。「自分も同感で，教師が基本的なことを教えない風潮はおかしいと思っていた」，「問題解決と称して，いきなり考えさせたり，討論させたりしても，ごく一部の子どもしか参加していない」，「発言が多く活発な授業にみえて，テストしてみるとほとんど理解できていない」という意見をよく聞く。

　最近ある県で行われた，小・中の先生を対象にした研修会で，私が講演したあとの事後アンケートから代表的な感想の実例をいくつかあげてみよう。まず，「教えて考えさせる授業」をはじめて聞いたという先生からは，次のような感想が出てくる。

・どういうものなのか知らなかったので，たいへん勉強になりました。法則などを子ども自身に気づかせる授業をやってきて，正直なところ，「うまくいかないなあ」と思うことが多かったので，目からウロコでした。子どもたちが生き生きと学べ，学力も高められる授業ができるよう精進したいと思います。

・自力解決をさせ，いろいろな考えを発表させ，練り上げていくパターンが多いこと

を反省しました。教えるべきことは教えて，理解深化課題を工夫することで，解けたときの喜びを味わわせることが，学習意欲にもつながるのだと感じました。

「教えて考えさせる授業」という言葉は聞いたことがある，という先生方が多かったが，講演の中で具体的な授業ビデオなどを見ると，次のような感想が得られている。

- 教師が教えて獲得した知識をもとにあらたな課題に挑戦する学習が楽しそうだと感じました。しっかりと教える工夫がまず教師には必要だと思います。子どもたちには，将来にわたって自主的に学ぶことが求められると考えると，予習を積極的に進めるよう指導したいと考えます。
- 日々の算数の授業で，「問題を把握」し，「見通し」をもつと，とたんに「自分で考えて」となってしまう。まずはこのパターンから抜け出すような実践を広げていくことが必要であると感じました。多くの先生が，次に行われる授業研究会に参加して，理解が深まることを願っています。
- 中学校の理科教員をしています。私もはじめは，予習をしてから，教えて，考えさせるなど，ありえないと思っていました。しかし，子どもの中にはすでに塾などで学んでいる子や，まったくわからない子などの差があり，そこから考えさせるのはむずかしいと感じていました。今回の話を参考に，取り組んでみたいと思います。

一方では，その意義は感じるものの，実際にはむずかしいところがありそうだという意見が，特に理解深化課題の設定について出ている。

- 法則（公式）などを学んでも，その理解が浅いと理解深化段階で深めることがむずかしくなる。さらに，理解深化での学びあいを通じて，あらためて理解が確かなものになっていく。その意味でも，理解深化にどのような問題を設定するかが重要となる。このようなことを，いまさらながら考えさせられた。
- 指導者がしっかり意味理解をして授業づくりをしていくことが大切だと再認識できました。理解深化課題は，子どもたちの思考をゆさぶるものなので，上位の子どもたちはくいついてくると思いました。しかし，課題づくりがむずかしいです。

④ 実践の広がり

私が，学習・学力に関する講演の中で「教えて考えさせる授業」の話をしたり，書籍として『学ぶ意欲とスキルを育てる』（小学館，2004）や，『「教えて考えさせる授業」を創る』（図書文化，2008）の中で解説するようになって，しだいに「実践してみたい」という先生や学校から問い合わせが来るようになった。はじめは，個別の先生や学校か

らであったが，それでも継続的に取り組む学校がいくつも出てきた。

　そうした中，地域として動いた例というのは，まず，岡山県での「学力人間力育成事業」である。これは，（公財）福武教育文化振興財団の助成により「IFプラン」という6つのプランに3年間取り組むというもので，そのプランの1番目にあげられている項目が「教えて考えさせる授業」による授業改善である。2006年度以来，10年間で38の小・中学校がこの助成を受けて研究してきた。私（市川）と，本書の共編者である植阪友理氏は，それぞれ年間10回ほど岡山の実践校や講習会に通った。

　さらに，沖縄県うるま市が教育委員会として「教えて考えさせる授業」を取り上げることとなり，いくつかの学校を研究指定して，担当の指導主事とともに実践の普及をはかったことがあげられる。よく知られているように，沖縄県は2007年に始められた全国学力・学習状況調査で，小学校，中学校とも全科目で全国最下位という結果になり，その対応策に窮していた。うるま市教育委員会は，授業の方針そのものを抜本的に見直すこととし，「教えて考えさせる授業」に活路を見いだしたということになる。

　単一の学校を越えた地域としての取組は，そのほか，静岡県，長崎県，宮崎県，山口県，鳥取県，広島県，北海道などの一部でなされてきた。継続して実践に関わっている学校には，私も年に平均2回くらい訪問し，一緒に校内の授業検討会や公開研究会を行うが，この数年は年間20校くらいある。教育委員会からの講演，講習の依頼というのも，最近は「教えて考えさせる授業」に関するものに集中している。

⑤ 現状と成果

　こうした経験から，私自身，多くを学ぶことになった。「教えて考えさせる授業」というのは，極めてシンプルでオーソドックスな授業設計の原理であって，奇抜なものでも，無理なことを要求しているわけでもないことはすでに述べた。初任者でも入りやすく，しかもベテランが工夫をすればかなり高いレベルの授業ともなるという奥の深さがあると現場の先生からは言われる。しかし，逆に，導入したからといって，すぐにだれでもすばらしい授業ができて，子どもに学力がつくという安易なものでもない。

　この10年余り，多くの学校での様子をみていると，導入当初にやりにくさやとまどいがみられることがよくある。中には，それまでの自分の授業スタイルと相当違うために，「これは，無理だ」「自分のやり方（あるいは，中学，高校なら自分の教科）と合わない」とおっしゃる先生もいる。また，「1時間の中にうまくおさまらない」とか，「理解深化課題が思いつかない」と言う先生も出てくる（本書Part 1，§2参照）。どのよ

うな授業改革でも，校内の先生方には必ず温度差があるものなのだろう。

　しかし，その先，それを乗り越えて，1～2年で学校全体がまとまり，先生方の志気はもとより，児童・生徒の学力や学習意欲に関して高い成果をあげる学校と，なかなかそうならない学校とが出てくる。その様子を目の当たりにすると，いったいどういう条件で，どういうプロセスを経て，「教えて考えさせる授業」が浸透していく（あるいは，していかない）のかが，しだいに明らかになってきたように思う。また，そこには，私たち研究者の関わり方が，うまくできたり，できなかったりという責任も，当然ながら入ってくる。

　幸いなことに，この3，4年は，事態はかなり好転しつつある。1つには，よいモデルとなるような実践校がいくつも現れてきたことにより，それが見本となって，他の学校も取り組みやすくなったということがある。初期のころは，具体的な授業のイメージがつかめないまま試行錯誤しなければならなかったのと比べると，大きな違いである。また，授業検討会の方法として，「三面騒議法」という一種のワークショップ型研修を導入するようになったことも大きい（§2参照）。「教員どうしの協議によって，授業力の向上をはかる」という方法論がこれによって実現したという声をよく聞く。

　年に一度の「教えて考えさせる授業セミナー（OKセミナー）」が，今は，東京，岡山，山口県美祢市で開かれるようになり，都道府県を越えたつながりができるようになったことや，私自身としては，自分でも小・中・高校で授業を実際にするようになり，授業づくりを体験するようになったことも大きいだろう。自分で授業をするようになると，他者の授業を見ていても，「自分ならどうするだろうか」と積極的に考えるようになる。それは，自分にはできそうもないその先生の授業のすばらしさを発見すると同時に，独自の改善案を出すことにもなり，建設的な授業コメントや議論にもつながる。

　導入を考えている学校や教育委員会にとって，やはり関心が高いのは，「それで，結局，学力は上がったのか」ということのようだ。一言でいえば，日常的に実践している学校は，1～2年で，全国学力・学習状況調査や各種テストの成績は著しく向上している。例えば，底辺校が全国平均を越えたとか，もともと学力中位の学校が県のトップレベルになったという報告をしばしば聞く。単に，ドリル学習や過去問対策ではなく，意味理解や思考過程を重視した本質的な授業改善によって，ということが重要だ。

　ただし，「日常的に実践している学校ならば」というのが大切な条件である。また，結果的にうまくいった学校も，最初からスムーズにスタートしたとは限らない。そのための授業づくりのポイントや注意点については，次の§2で述べよう。

§2 「教えて考えさせる授業」設計と展開のポイント

「教えて考えさせる授業」づくりの工夫と注意

●東京大学　市川伸一

① 「教えて考えさせる授業」の根幹にある学習観, 知識観

「教えて考えさせる授業」は，教科学習をはじめ，現実の生活場面における人間の知的活動のしくみやはたらきを研究してきた認知心理学に理論的基礎をおいている。

* 知識があってこそ人間はものを考えることができること
* 学習の過程とは与えられた情報を理解して取り入れることと，それをもとに自ら推論したり発見したりしていくことの両方からなること

というのは，児童・生徒の学習から，社会の各分野で仕事をしている専門家にまであてはまる重要な一般原則である。

科学者や数学者でさえ，自力発見によってすべての知識を得ている人などまずいるものではない。しかし，教育が理想論に偏り過ぎると，子どもにそれを求めるようなことになり，結局破綻してしまう。認知心理学を基盤として学習・教育研究をしている私たちにとって，「指導より支援」「学習者中心」「自力発見」「問題解決」などの言葉がとびかい，「教えずに考えさせる授業」をよいものとする1990年代の教育界の動向はいかにも奇異なものに思えた。

だからといって，逆に，子どもの思考力や表現力の育成を考えずに，教師から教えられたことを暗記再生するような学習になってもまずい。かつての日本の教育が，「知識詰め込み」「知識偏重」「知識注入」などと批判されたのは，多くの知識を教師からの解説で与えて，それをいかにたくさん蓄えているかをテストする，というところに偏ってしまったからだろう。この弊害はいまさら指摘するまでもない。

認知心理学の1つの視点は，悪いイメージをもたされた「知識」というものに新たな意味を見いだしたことである。人間は多くの知識をもち，それをうまく活用して，新しい情報を理解したり，新たなアイデアを生みだしたりしている。いわば，知識は，私たちの知的活動のすべてにわたって「縁の下の力もち」としてはたらいている（市川，1995, 2013b；授業を考える教育心理学者の会，1999；西林，1994）。

ここで大事なことは，悪い意味で使われた「知識」が，断片的な事実や手続きの蓄積なのに対して，有効な「知識」とは，体系化された構造をもっており，知的行動に活用されるという機能をもっているということだ。現行の学習指導要領のキーワード「習得，活用，探究」は，実は，こうした機能的な知識観が組み込まれたものなのである。

「教えて考えさせる授業」は，意味や概念の理解という教科学習の中核的なテーマを，受容学習と問題解決学習の長所を組み合わせて効果的に達成しようとしたものだ。それはけっして無理なことではないし，実際に，教育界の風潮がどうであっても，優れた教師，優れた児童・生徒というものは，そのバランスをとってきたのである。この当たり前ともいえるバランスを授業設計論として組織的に行おうとするのが「教えて考えさせる授業」にほかならない。

② 目標設定と困難度査定

「教えて考えさせる授業」は，基本的に，習得のために提案された授業である。右図にあるように，習得（既存の知識や技能を獲得すること）と探究（自ら課題を設定してそれを追究すること）という2つの学習サイクルを私が提案した時，その習得の中に，教える場面（教師の説明）と，考えさせる場面（理解確認，理解深化，自己評価）を

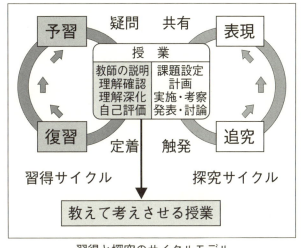

習得と探究のサイクルモデル

入れてほしいという趣旨であった（市川, 2004, 2008）。

よくある誤解は，「習得で教えて，探究で考えさせるという授業論」と考えてしまうことである。習得だからといって，教えてばかりではまずい。教師が教えるだけでは，なかなか習得できない，あるいは，浅い理解で終わってしまう可能性が高い。そこで，「考えさせる」という3つの活動を入れることによって，深い意味理解を伴った習得を目指すというコンセプトである。

習得の授業であるからには，「習得目標」というものがある。これは，教育課程上，あるいは，教師の意図に応じて，「本時のねらい」とか「目標」として決められる。こ

れが明確でない時は，「教えて考えさせる授業」には向かないし，無理にする必要もないのである。目標とは，「子どもに，こういうことがわかってほしい（できるようになってほしい）」という教師側の思いや願いである。

ただし，実際には，自分の受け持っているクラスの子どもたちにとっては，その目標は高すぎるかもしれないと思うことがあるはずだ。「今日の授業の内容を習得するには，どこがどれくらいむずかしいか」を推しはかることを，「困難度査定」と呼んでいる（市川，2013a）。教師は，自分の学習経験や，教育経験から，子どもにとってはどこがむずかしそうか，ある程度わかっているはずである。そしてそれを乗り越えるための工夫を入れるのが授業研究ということになる。

しかし，一般的には，指導案に困難度査定やそれに基づく工夫が明示的に書かれていることは，私がみる限りほとんどなかった。「クラスの子どもの実態」「単元内の構造や評価」「本日の授業で教える内容」のあとに，いきなり「本時のねらい」「指導案」になってしまうことが多いのである。数行でもよいので，必ず困難度査定を書いていただくことを，最近はお願いしている。

「教えて考えさせる授業」が「認知的」である所以は，習得目標や指導計画を考えるのが教師であっても，「子どもにとっての認知，理解」ということに配慮している点である。正しいことを正しく教えさえすれば子どもに伝わるわけではない。教師の願いやねらいとしての習得目標と，それに向かうための興味・関心の高め方や，目標と現実の理解状態のギャップを想定してそれを埋める手立てを講じるのが習得の授業である。

③ 指導計画をつくる

次ページの表は，「教えて考えさせる授業」の指導計画をつくる時の参考として，これまでしばしば使ってきたものである。「段階レベル」というのは，「教える」と「考えさせる」にどのようなステップがあるかを示している。「予習」にカッコがついているのは，予習自体は授業外であることと，「教えて考えさせる授業」に必須というわけではないことからである。けっしてすべての授業で求めるわけではない。

ただし，いきなり授業に出てもなかなかわからないようなむずかしい教科・内容では，5分でも10分でも教科書を予習することを私は推奨している。予習の趣旨は，授業で習うことの概略を知ることと，予習してもよくわからないのはどこかを，子ども自身が意識して授業に臨むことである。それだけでも，教師の説明に対する意欲や理解度は相当違ってくる。

小学校の先生が，子どもに予習を課すことに抵抗があるのは，十分承知している。しかし，これもまた，私が特異なことを言っているわけではない。かつては，我が国でも授業にでる前に予習し，授業のあとに復習するのは推奨される学習スタイルだった。中国からの留学生には，「中国では，必ず親から言われます。どこが新しいのですか」と言われる。最近の反転授業（§4参照）は，かなり重い「予習」を課しているほどだ。

「教えて考えさせる授業」構築の3レベル

段階レベル	方針レベル	教材・教示・課題レベル
教える		
（予習）	授業の概略と疑問点を明らかに	・通読してわからないところに付箋を貼る ・まとめをつくる／簡単な例題を解く
教師の説明	教材・教具・説明の工夫	・教科書の活用（音読／図表の説明） ・具体物やアニメーションによる提示 ・モデルによる演示 ・ポイント，コツなどの押さえ
	対話的な説明	・代表児童との対話 ・答えだけでなく，その理由を確認 ・挙手による，賛成者・反対者の確認
考えさせる		
理解確認	疑問点の明確化	・教科書やノートに付箋を貼っておく
	生徒自身の説明	・ペアやグループでお互いに説明
	教えあい活動	・わかったという児童による教示
理解深化	誤りそうな問題	・経験上，児童の誤解が多い問題 ・間違い発見課題
	応用・発展的な問題	・より一般的な法則への拡張 ・児童による問題づくり ・個々の知識・技能を活用した課題
	試行錯誤による技能の獲得	・実技教科でのコツの体得 ・グループでの相互評価やアドバイス
自己評価	理解状態の表現	・「わかったこと」「わからないこと」

右表のそれぞれの段階において，どんな方針で具体的にどういう教材・教示・課題で授業づくりをするかは，あくまでも私自身のメモのようなものである。先生方が工夫を凝らして，さらにこの表を充実させてほしいところなので，なにも「教えて考えさせる授業」はこのとおりにしなくてはいけないということではない。しかし，意味理解，思考過程，メタ認知を重視した授業であることは，この表からおわかりいただけると思う。

1つ補足しなくてはいけないのは，実技教科（技能系教科）についてである。私自身は，実技における基礎基本の習得こそが，むしろ「教えて考えさせる授業」のモデルであると言ってきた。実技での理解深化とは，「教えてもらって頭でわかっている状態」から，体の動きとして体得することにほかならない。「どこがコツなのかわかってきた」と言って実際にできるようになっていくことが理解の深まりなのである。

こうしてみると，「教えて考えさせる授業」は，けっして奇抜なものではなく，むしろ非常に一般的で汎用性のある授業設計論であることがあらためておわかりいただけると思う。しかし，実際にどういう授業になるかは，教師の工夫や個性が大きく現れる。

また，予習，子どもの相互説明，協同的問題解決，記述的な自己評価など，従来の授業ではあまりみられなかった学習活動を推奨しているのも特徴的な点である。

④ どういうときにうまくいかないか

　この10年ほどの間に「教えて考えさせる授業」を実践してきた学校で，先生方自身，あるいは，私からみて「どうもうまくいっていない」という例も少なくないことは§1でも述べたとおりである。むしろ，導入当初はとまどい，ぎごちない授業になってしまうことがたくさんある。参考のために，それらを簡単にまとめておこう。

　①全体としての，趣旨の不徹底
- 習得目標が不明確だったり，学習者のレベルとかけ離れたりしている。
- 意味理解を志向した授業になっておらず，知識や手順の丸暗記を求めている。
- 説明や課題に流れがなく，4段階の授業形式にあてはめただけになっている。
- 研究授業の時だけ実施するものになっており，実践が日常化していない。

　②予習
- 「できる子はやってきましょう」のようなあいまいな指示・課題になっている。
- 「3回音読してきましょう」「教科書を書き写してきましょう」というような，意味理解やメタ認知につながらない機械的作業になっている。
- 未習の練習問題を解かせるような，子どもの負担が大きすぎる課題のため，結果的に意欲を低下させ，予習の実行を困難にしている。

　③教師の説明
- 教科書的な説明をただ板書と口頭でくり返すだけになっていて，要点の押さえや指導法の工夫がみられない。
- 教師が説明することを抑制しすぎて一問一答に陥り，時間が長いわりにかえってわかりにくい説明になっている。
- 特定の子どもの発言や誤答にひっぱられすぎて，説明の流れが分断され，何をやっているのかわからない状態になってしまう。

　④理解確認
- 「どれくらいわかったか」を単に主観的に段階評定するだけで，課題を解いたり，お互いに説明したりする活動が入っていない。
- 意味理解を伴わない機械的な暗唱や反復作業になっている。
- 問題を個人ごとに解かせて，教師が丸ツケして回ることに追われ，できていない子

への支援が希薄になり，一方では，できた子が時間をもてあましている。
⑤理解深化
・知識の活用や思考を促さない単純なドリル的課題になっている。
・教師が説明して教えたこととまったく関連しない課題になっている。
・教師の説明した内容から見てむずかしすぎ，とても取り組めない課題になっている。
・課題遂行中のヒントや支援が用意されていないため，考えあぐねてしまう。
・協働活動がなく，教師が机間指導しようとするが，しきれずに終わってしまう。
⑥自己評価
・主観的な段階評定だけで，「何がわかったのか」「何がわからないのか」を自己診断して記述するものになっていない。
・儀式的に感想や形骸的な内容を書くだけで，次の学習につながるものになっていない。
・発表や書き方指導が行われていないため，子どもの自己評価力が向上しない。

　いずれも，学校の教師ではない私が指摘するのもおかしなことかもしれないし，かえって失礼にあたるかもしれない。しかし，「自分でもなかなか気づかず，同僚や指導主事からもずばりと指摘されることがないため，あらためて参考になった」と研修ではよく言われる。そこで，こうした問題点を改善していくための研修のあり方について次にまとめておきたい。

⑤ 授業後の検討——教師自身による「振り返り」

　「教師の授業力は，授業後にこそ伸びる」というのは，私が学校の先生方と授業研究をするようになってからの実感である。近年「PDCAサイクル」ということが教育界でもよく言われている。まさに，授業前の計画（Plan），授業の遂行（Do）の次には，授業の検討（Check）があって，今後に向かっての対策（Action）が起こる。
　もちろん，同じ授業は二度とないだろうし，授業は「一期一会」の営みだと言う人もいる。しかし，多くの授業経験とそれに対する深い省察があってこそ，他の子ども，他の単元，他の教科の授業をするときにも通ずる「授業力」というスキルになる。そのために，私が特に強調している授業後の教師自身の振り返り活動をあげよう。
①ノートやワークシートの活用
　要するに，子どもが学習の過程で残したもののチェックである。これは，小学校では

多くの先生が行っているようだが，丸を付けたり，スタンプを押したりして，確認するだけ，あるいは，子どもを励ますためだけでは，意義が半減してしまう。これらは，子どもの理解状態，さらに，自分の授業がどれだけうまくいったかを表す有効な情報源なのである。それはまた，困難度査定をする時の材料の１つにもなるし，授業中には十分見ることのできなかった子ども一人一人の様子を知る素材でもある。

②自分の授業ビデオの視聴

研究授業の時にビデオを撮って記録するということは，小学校ではよく行われているが，それを自分で見て内省するという先生はせいぜい２，３割程度しかいないようだ。ましてや，普段の授業を自分でビデオに撮って見てみるという先生は１割もいないという。スポーツやダンスをはじめ，今はパフォーマンス向上のために，プロ，アマチュアを問わずビデオは活用されている。「教師の説明の時間がつい長くなってしまう」という問題は，自分でビデオを見てみれば，かなり解決できる。また，授業中に気づかなかった子どもたちの様子もみえてくる。

③三面騒議法による事後検討会

この数年，「教えて考えさせる授業」の事後検討会（協議会）では，３色の付箋に授業見学者が「工夫されてよいと思った点」「問題点とその改善策」「他の学年や教科にも応用できそうな点」を書き，５～６人の小グループに分かれて，授業の進行に沿って模造紙に貼りながら意見交換してポスターにまとめる「三面騒議法」を推奨している。これを発表してもらって，授業者をまじえて議論する。一種のワークショップ型研修であるが，これを取り入れるようになって，討議が活発になり，学校としての授業改善が進んだという。

§１で述べたように，新しいテーマで校内研究を進めるという時に，必ずといっていいほど，教員間の温度差がある。それぞれの教員は，すでに自分なりにもっている考え方やスタイルがあるので，当然だろう。また，公立学校ならば，管理職も教員も異動が激しく，継続していくのがむずかしい。私自身，「あれほど熱心に取り組んでいたのに」という学校が，数年で跡形もなくなってしまうのを目にしてきた。

しかし，管理職のリーダーシップ

三面騒議法でのグループ協議の様子

に加えて，ここであげたような教育改善のためのシステムが入れば，教員間の共通理解は進み，確実に浸透していくという姿も多く見ている。そして，よい成果が出れば，教員も子どもも保護者も必ず支持してくれる。校内研修や教育委員会主催の研修などでも，ぜひ試みていただければと思う。

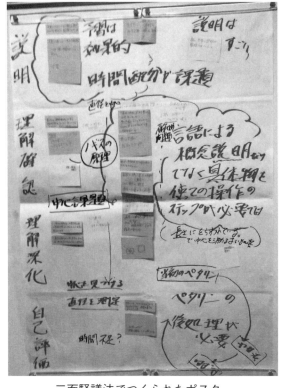

三面騒議法でつくられたポスター

用語解説

- **認知心理学**（cognitive psychology）：知覚，記憶，理解，推論，問題解決など，人間の知的なはたらきやしくみを実証的に研究する心理学の一分野。近年の教育心理学，社会心理学，臨床心理学などにも大きな影響を与えている。
- **受容学習**（reception learning）：外からの情報を受け取って自らの知識とする学習。一方では，教育心理学者オースベル（D. P. Ausubel）の「有意味受容学習」として，機械的な暗記学習と対比される概念だが，一方では「発見学習」と対比される。
- **発見学習**（discovery learning）：学習者が原理や法則を自ら発見するような学習のこと。認知心理学者のブルーナー（J. S. Bruner）が提唱したもので，教育にも大きな影響を与え，受容学習とどちらが有効かという大論争を生み出した。
- **メタ認知**（metacognition）：一言でいえば，「認知についての認知」だが，学習・教育場面でいえば，学習者が自分自身の理解状態や知的能力をどう自覚（診断）し，それをコントロールしていくかというはたらきをさしている。

§3 「教えて考えさせる授業」設計と展開のポイント

学び方と学習観を育てる「教えて考えさせる授業」

●東京大学 植阪友理

① 21世紀に求められる学力としての「学び方」

　「『教えて考えさせる授業』に取り組む価値は？」と問われたら，皆さんは何と答えるだろうか。「学習内容の定着」ということをあげる人が多いかもしれない。もちろんそれは「教えて考えさせる授業」の大事な側面である。しかし，それだけでは，「教えて考えさせる授業」の価値を十分には伝えていない，と私は感じる。なぜならば，「教えて考えさせる授業」は，学習内容の定着に加えて，将来，社会の中で生きていくために必要な学び方や，学習観（学習に対する考え方）を身につけることができるという側面があるからだ。しかも，社会で生きるための力を伸ばすための特別な授業を行うのではなく，普段の教科学習の中でそれができる。これが「教えて考えさせる授業」のよさの1つだと考える。実際，学び方を育てるという意識で「教えて考えさせる授業」に取り組んでいる学校は大きな成果をあげている。しかし，現状では学び方を育てる授業として実践に取り組んでいる学校は必ずしも多くない。このため，どのような学び方が意図されているのかということも必ずしも共有されていない。そこで，本節では「教えて考えさせる授業」が育てようとしている学び方とはいったいどのようなものなのか，どのように指導と結びついているのかを考えていきたい。

　その前に，学び方についての近年の議論を紹介しよう。世界的な動向として，学校では学問の基礎を学ばせるだけでなく，社会で学び続けるための資質・能力を身につけさせるという考え方が広まりつつある。こうした問題意識が世界中に広まるきっかけとなったのは，OECD（経済協力開発機構，Organisation for Economic Co-operation and Development）が提唱した「キー・コンピテンシー」（Rychen & Salganic, 2003）という考え方である。キー・コンピテンシーには，知識・技能のみならず，様々な資源を活用して社会の中で求められる複雑な課題に対応する力や態度なども含まれる。「21世紀型スキル」（Griffin, McGaw, & Care, 2012）はこれらの発想も取り込み，さらに拡張した考え方である。日本において議論になっている「資質・能力の育成」なども同じ流れ

に位置づけられる。いずれも社会に生きるうえで何が必要になるのかを考え，それらを広い意味での学力としてとらえているのである。しかし，学校における授業の中でこれらの力をどのようにして育成していくのかということになると，途端に具体的な提案が少なくなるのが実情である。

② 教科に共通して育てようとしている「学び方」や学習観

では，「教えて考えさせる授業」が育てることを目指している学び方や学習観に対する考え方とはどのようなものなのだろうか。「教えて考えさせる授業」では，どの教科でも意識できるような学び方から教科に応じた学び方まで様々なレベルを想定し，その指導を行っている。まずは，どの教科でも共通する学び方について考えてみよう。心理学を生かした個別学習相談である「認知カウンセリング」（市川，1993）の実践の中に，「教えて考えさせる授業」に通ずる次のような発想がみえてくる。

①「自己診断」の発想を生かした学び方：期待される予習のあり方

例えば，認知カウンセリングでは，「～がわからない」といってやってきた学習者に対して，どのあたりがわからないのか，なぜわからないと思うのかをはっきりさせるように質問することが奨励されており，「自己診断」と呼ばれている。自分がわかることとわからないことをはっきりさせてから説明を聞くことで，より深く学べると考えているのである。一方，相談に来る学習者の多くは，最初はこうした問いに答えられない。しかし，最終的にはむずかしいことを学習する前には，「ここまでわかっているけれど，ここはわからないのでここを中心に聞こう」と自分なりのゴールをもつという学び方をしてほしいと考えているのである。そこで，こうした働きかけを積極的に取り入れ，最終的には自発的にこうしたことを行うようになるように促していく。

この発想は，「教えて考えさせる授業」にも受け継がれている。例えば，予習が奨励されており，その際には付箋や印を自分のわからないところに付けることなどが重視されている。これはまさに事前に自分がわかることとわからないことをはっきりさせてから授業に臨むことを促しているのである。もちろん，最初からこうしたことが上手にできる子どもばかりではないだろう。しかし，発達段階に応じて段階的に指導することで，小学校段階であっても十分こうしたことができることを，後述する倉敷市立柏島小学校の事例は如実に示している。例えば，この学校の児童は，予習を踏まえて自分なりの目標をもって授業に臨むことが期待されており，倉敷ケーブルテレビでも放映された

公開研究授業では，予習の確認の中で児童が「（円の面積の）公式はわかったけど，どうしてそうなるのかはよくわからないので，それを勉強したい」と述べている。

②「仮想的教示」の発想を生かした学び方：自己説明による理解確認

このほかに，認知カウンセリングで用いられている重要な技法に，「仮想的教示」がある。1対1で教えていると，子どもがよく「わかった，わかった！」と言ってくれる。しかし，子どもの「わかった」は必ずしもあてにならない。わかったと言ってくれたことは認めつつ，本当にわかったのか，先生と同じレベルの説明を自分なりの言葉でできるのかを確かめることが重要となる。そこで，ひとまとまりの指導が終わったら，「そのことを知らない人に教えるつもりで説明してみて」と促すことが重視されており，これが「仮想的教示」と呼ばれている。説明がうまくできなければ，子ども自身が理解できていないことに気づくことができるというわけだ。

この発想は，「教えて考えさせる授業」の理解確認の段階によく反映されている。教師の説明を聞いた後には，それが本当にわかっているかを自分なりの言葉で説明したりすることで，子ども自身が自分の理解を確かめることができるようになっている。「わかった！」と言っていた子どもであっても，説明できないことがしばしばある。そんな時には，自分がよくわかっていなかったことに気づいてほしい。理解確認というのは，（教師が理解できているかをみとるという発想ももちろんのこと）学習者が自分自身で理解できているかを確認する段階であるといえる。最終的には，教師に促されなくても，「いま聞いた話，私は説明できるかな？」と自ら問いかけ，うまく説明できないと感じた場合には自分から質問をするような子どもになってほしいのである。

③「教訓帰納」の発想を生かした学び方：質の高い教訓を引き出し，次につなげる

認知カウンセリングにおける重要な技法である，「教訓帰納」にも触れておこう。この技法は，1問解くごとにどのような点で賢くなったのかを教訓として取り出すことを促し，先につなげるというものである。例えば，「最初はなぜ間違えてしまったのか」「自分はどんな誤解をしていたのか」などをノートなどに書き留めておくことが求められている。教科内容だけでなく，「どんなやり方をすると，次に同じ失敗をしないのか」などといった，学習方法に関する教訓を出すことも大事である。また，失敗した時だけではなく，うまくいった時にも何が大切なポイントなのかを書きとめ，意識化することで先によりよくつながると考えられている。

この発想が，まさに「教えて考えさせる授業」の「自己評価」である。認知カウンセリングでは，「計算ミスをした。次は注意する」といった漠然とした教訓ではなく，「移項したときに符号を変えるのを忘れてしまった」といった具合に，適度に抽象化されている具体的な教訓を書くことが，次につながるため重視されている。自己評価においても，「楽しかった」「うまくできなかった」だけでなく，どんな点がポイントなのか，どんな点は予習では気づいていなかった（場合によっては誤解だった）のかを特定し，書きとめておくことに価値があると考えられている。ほかの友達が書いたよい自己評価の例などを学ぶということも組み合わせながら，最終的には自ら教訓を抽出する子どもになってくれることが期待されている。

④学習観の改善を目指す

最後に，認知カウンセリングでは，学び方を教えるのみならず，学習に対する考え方を育てることが意識されており，それが「教えて考えさせる授業」にも生かされていることも簡単に説明しておこう。例えば，子どもたちの中には，「とにかく丸暗記することが大事である」と考えていて，「意味がわかることが大切である」といった発想をもっていない子どもも少なくない。あるいは，「答えさえ合えばよい」として「途中過程も大切である」と考えない，「とにかく勉強量さえこなせばよい」として「勉強方法を工夫しよう」とは考えない，「失敗は恥ずかしいもの」として「失敗は自分の改善のために大切」と考えないといった問題も非常に多くみられる。心理学ではこうした信念を「学習観」と呼んでおり，認知カウンセリングはこうした信念についても指導の中で変えていくことを目指している（例，植阪，2010）。「教えて考えさせる授業」においても，「意味を子どもたち自身に説明させる」，「自分のつまずきを分析させて教訓を引き出し，次に生かす」といったことを指導していくことを通じ，最終的にはこうした学習観を変容させていくことが重要な目標となっているのである。

③ 教科横断的な学び方や学習観を育てることを目指した実践事例

「教えて考えさせる授業」に取り組む学校の中には，学び方や学習観の変容を目標に掲げて実践に取り組み，大きな成果を上げた学校がみられる。そうした事例について，ごく簡単に紹介しよう。

倉敷市立柏島小学校は4年間にわたってIFプラン（Part 1，§1参照）と呼ばれる，学力・人間力育成の大規模な研究プロジェクトに参加し，特に2年目からは学び方

の改善に注目した実践を行った。筆者も第1編者である市川伸一教授とともに実践にかかわっている。この学校では,「教えて考えさせる授業」の実践を通じて「メタ認知」(p.21参照) を向上させ,学習意欲と学習成績を高めるという研究テーマを掲げた。「メタ認知がついた状態」を「わかったこととわからないことが自分でわかる状態」とし,わかっていないことに気づいた時には,自分でわかろうとする子どもを育てることを目指した (詳細は,谷本, 2015や藤澤, 2015を参照)。算数科はもとより,多くの教科で「教えて考えさせる授業」を取り入れて実践した。また,下表に示すような工夫を各段階に取り入れ,予習→授業→予習→授業という学習サイクルを回すことで,子どもたちが自分のつまずきを自覚し,それを学習に生かしていける力を育成することを目指した。

こうした実践の結果,学び方の改善に取り組んだ2年目以降,大きな学力の伸びがみられたことが確認されている (谷本, 2015)。また,ノートの分析からは,手続き的な内容を学習する場合であっても,予習段階から自分なりに既習を生かして意味を考えている様子や,自分なりの目標をもって授業に臨んでいる様子が報告されている (詳細は,植阪, 2014)。この事例は,小学生であっても,学び方を意識して指導を行うこと

「教えて考えさせる授業」の4段階におけるメタ認知を育てる工夫

	教師の支援	期待される子どもの活動
(予習)	該当部分を読んで,授業に備えるように促す。	わからないこと／わかることをはっきりさせ,(特に5,6年生は) 自分なりのめあてをもって授業にのぞむ。
教師の説明	意味理解を重視した説明を行う。どうすればそれがわかるのかという手立てについても意識させる。	予習段階でわからなかった部分を中心に,教師の説明を聞く。
理解確認	問題を解かせたり,ペアで教師と同じような説明をしたりすることを求める。	自分が理解しているか確認する。うまく説明できない場合には,理解できていないと自覚し,周りの人に聞く。理解できた人も,わからない人が納得する説明ができることを目指す。
理解深化	学んだ知識を活用するような課題を与え,理解を深めさせる。	協同で問題解決に取り組む。
自己評価	わかったこと,まだわかっていないないこと,感想を書く。	高学年であればわかったことに,①内容にかかわること,②理解の変容にかかわること,③学び方にかかわることなどを入れる。

注) 下線部は,メタ認知の向上を強く意識した指導上の工夫

により，意味を大切にしながら自学し，自らのつまずきを自覚して目標をもって授業に出て，最終的により深い理解を達成するということが可能であることをよく示している。

④ 教科の内容に即した「学び方」を促す指導

ここまで，「教えて考えさせる授業」であれば，どの教科でも取り入れることが可能な一般的な学び方について取り上げてきた。実は，「教えて考えさせる授業」が育てようとしている学び方はこうしたものに限らない。より具体的で，本時の学習内容に直結した「学び方」を育てることも想定されている。

例えば，算数で複合図形の面積の求め方という内容について考えてみると，図形の面積に①や②といった番号を振ることが有効である。例えば，ドーナツ型の図形であれば①を全体，②を真ん中の面積とすれば，求め方を「①−②」と簡単に表現することができる。こうした方法は，自分が問題解決の方法を考える時に有効であるのみならず，子ども同士が求め方を協同で議論する時にも有効となる。つまり，思考とコミュニケーションを促進するツールなのである。「教えて考えさせる授業」では，例えばこうした，「①や②と具体的に番号を振り，シンプルにした上で考える」という学び方についても，教師の説明において明示的に指導することが可能である。そして，それを使った活動を理解確認や理解深化において保証する（例えば，階段型の図形をどのように求めるか，多様な解法を①や②というツールを使いながら考える）ことで，よくできる少数の子どもが自発的に使うことを超えて，多くの子どもにこうした学び方を身につけさせることができる。

こうしたことは，算数の指導に限らず可能である。例えば，Part 2 §8で取り上げている国語科「わらぐつの中の神様」の指導では，人物像を読み取る方法として「価値観」に着目し，具体的に価値観を読み取る方法まで含めて指導している。ここでは，発言や行動から価値観を読み取るためのツールとして，図を使って指導している。このように，この授業内容を超えて利用できるような学習方法についても教えるという発想が「教えて考えさせる授業」には存在する。筆者はこうした力の育成がそれぞれの授業のサブゴールとして指導案に明記されてもよいのではないかと考えている。また，学校における授業の目的が，社会で生きていく力をも合わせて育てるというように変容してきている昨今の状況にあっては，困難度査定（Part 1, §2参照）にも，こうした点がもっと意識されてよいのではないかと考えている。

§4 「教えて考えさせる授業」設計と展開のポイント

教育の新しい動向と「教えて考えさせる授業」

●東京大学 市川伸一

① 近年の教育界の流れ

　「教えて考えさせる授業」が提案された2001年から現行の学習指導要領の告示された2008年まで，教育界がどのように動いてきたかは§1で概観したとおりである。一言でいえば，この期間は，学力の回復を図りつつも，かつてのような基礎学力偏重にも陥らないように，そのバランスを模索していた時期であり，「生きる力」という理念を前指導要領から引き継ぎながら，「習得，活用，探究」，「教えて考えさせる」というようなフレーズを中教審も取り入れてきた。また，OECDの「キー・コンピテンシー」，内閣府の「人間力」，経済産業省の「社会人基礎力」というような考え方も影響し，社会生活を営むための資質・能力の育成ということも言われるようになった。その1つとして，「教科横断的な言語力の育成」が指導要領でも強調されるようになる。

　「ゆとりの集大成」といわれた前指導要領（1998年告示）が全面実施される2002年度には，文部科学省は「ゆとり」という表現はいっさい使わないようになり，「確かな学力」「学力向上」をスローガンに掲げていた。学校や，各自治体も，学力重視の方向に動いた。その意味では，2002年度からの教育を「ゆとり教育」と呼んだり，その教育を受けた若者を「ゆとり世代」と呼ぶのは半分的はずれである。実はこの時は，形式上の指導要領や授業時数などは「ゆとりのなごり」であり，教育行政や学校の実質的方針との間に「ねじれ現象」が起こっていたのである。また，こうなると，「学力低下論争」はもはや「論争」にならなくなり，2002年以降は急速に下火になっていく。

　一言でいえば，「学力は重視するが，その学力とは，かつてのような教科の基礎学力のみではない」という線で，ひとまず落ち着いたのが現行の指導要領である。その直前には，学校教育法の改正があり，基礎基本，思考力・判断力・表現力，学習への意欲が，学校教育で育てるべき資質・能力であることが明確になり，それと整合するようになっている。2007年から実施された全国学力・学習状況調査では，基礎基本の定着をみる「A問題」だけでなく，生活の文脈で活用する能力をみる「B問題」が出題されるよう

になり，どのような学力を目指すのかがよりいっそう明確化された。

その結果，学力はどうなったのかといえば，2000年から3年おきに実施されているOECDのPISA調査をみる限り，2003年，2006年の結果はかなり落ち込んでいて「PISAショック」と呼ばれたが，2009年，2012年には，「V字回復」といわれるほどの復活をみせた。2012年の日本の成績は，上海，香港，シンガポールなどを除いた正規のOECD加盟国の中では，韓国とほぼ並んで世界で1位となっている。全国学力調査のほうは，都道府県間のばらつきが縮小傾向にあり，学力低位といわれた自治体がかなりの努力をしていることがうかがわれる。教育の影響が，ほぼ数年たって現れることを考えれば，2000年代に入ってからの学力向上策は一定の効果をもったといえそうである。

② 次期学習指導要領に向けての動き——特に「アクティブ・ラーニング」

それでは，現在の日本の教育はそれほどうまくいっているといってよいのか。学力・学習面だけに限ってみても，けっしてそうは思えないという人が多いだろう。例えば，かねてから，学年が上がるにつれて学習意欲が低くなってしまうことや，思考力・表現力などについては弱いことが指摘されている。これからの社会を生き抜いていくための学力が十分育っているといえるのだろうか，という疑問はけっして払拭されていない。

この2～3年，次期学習指導要領の基礎的なコンセプトとして「資質・能力の育成」ということが文部科学省内の委員会でも集中的に議論されてきた。前述した，キー・コンピテンシー，人間力，社会人基礎力などをはじめ，各国での教育の動向も見定めて，最近では，「21世紀型スキル」と総称されるようにもなっている。「育成すべき資質・能力を踏まえた教育目標・内容と評価の在り方に関する検討会」の「論点整理」（2014年3月）では，これからの世の中を生きる社会人としての必要な資質・能力を整理し，それを育てることを学校教育の大きな役割としている。

そうなると，従来の学習指導要領のように，教育目標として教科の内容的知識を列挙するだけでなく，それらをどのように学ぶかという学習方法にも言及せざるをえなくなる。その有力な方法の1つとして，にわかに教育界のキーワードとなった「アクティブ・ラーニング」がある。もともとはアメリカの高等教育の中で注目されるようになったものであるが，2014年11月に下村文部科学大臣（当時）が中教審にあてた諮問の中で強調されたことから，いまや学習指導要領改訂の中心的な話題となっている。

「アクティブ・ラーニング」が何をさすのかについて，まず重要なことは，「人によって意味やイメージが違う」ということだ。極めて広い定義として，「教師からの一方向

的な講義形式の授業ではないものすべて」というものまである。一方では，自分たちでテーマを設定してそれを追究するような，高度な探究学習をイメージする人もいる。また，その間には，特有の授業形態を「これこそが，アクティブ・ラーニング」といって普及させようとするような動きも見受けられる。

　こうした中で，中教審の「教育課程企画特別部会」の「論点整理」（2015年8月）の中の「学習活動の示し方やアクティブ・ラーニングの意義等」という項（pp.18-19）では，次期改訂が学習・指導方法で目指すのは，単に特定の型を普及させることではなく，「習得・活用・探究という学習プロセスの中で，問題発見・解決を念頭に置いた深い学び」，「他者との協働や外界との相互作用を通じて，自らの考えを広げ深める，対話的な学び」，「見通しを持って粘り強く取り組み，自らの学習活動を振り返って次につなげる，主体的な学び」を通して，必要な資質・能力を総合的に育むことであるとしている。

　つまり，アクティブ・ラーニングというのは，向かうところは問題発見・解決のできる学習者の育成であるが，日常的な学習場面の様々なところで，多様な方法で具現化されるものととらえられる。ただし，その際大切にしたいのは，見通しや振り返りを行いながら「自分ごと」として学ぶという「主体性」，さらに，他者との関わり合いを通じて学ぶという「協働性・対話性」である。そして，この特徴は，まさに社会における学びにも通じるものといえる。

❸ 「教えて考えさせる授業」の位置づけ

　「教えて考えさせる授業」は，アクティブ・ラーニングとどういう関係にあるのかと最近よく聞かれる。私自身，「アクティブ・ラーニングと『教えて考えさせる授業』」というようなタイトルで講演することもしばしばある。私の言っていることは，「教えて考えさせる授業」がイコール「アクティブ・ラーニング」ではないが，広い意味でのアクティブ・ラーニングを「教えて考えさせる授業」は随所に含んでいるということだ。

　教師から教わったことを子どもがペアや小グループで相互説明する「理解確認」というのは，もっとも初歩的なアクティブ・ラーニングである。誤解しそうな問題や活用を促す問題を相談しながら協同解決する「理解深化」も，「アクティブ・ラーニング」の一種である。習得の授業の中にもアクティブ・ラーニングはあること，また，それなしにいきなり探究型のアクティブ・ラーニングができるものではないことは強調しておきたい。

　そして，ここからが重要な点なのだが，「アクティブ・ラーニングの充実」が強調さ

れるようになったからといって，けっしてすべての学習をアクティブ・ラーニングで行うことが求められているわけでもなければ，教師が「教える」という役割がなくなったわけでもないということだ。ここが，「教えて考えさせる授業」と通ずる点である。学習者が主体的，能動的，協働的に活動するためには，アクティブ・ラーニングをするよう指示すればよいというものではない。

このことと関連して，例えば小学校では，もはや一斉講義式だけの授業はかなり少なくなり，グループ活動や発表・討論などが広く行われていることをもって，「アクティブ・ラーニングはすでにやっているので今の議論は関係ない」というような反応があることが，中教審の部会でも話題になることがある。実際には，参加できていない子どもがいたり，深い学びに至っていない子どもはいないだろうか。これは，アクティブ・ラーニングを導入した学校では大きな悩みとなっていることなのである。

そこで，授業において教師に期待される役割として，教育課程企画特別部会の「論点整理」では，「指導方法を工夫して必要な知識・技能を教授しながら，それに加えて，子供たちの思考を深め発言を促したり，気付いていない視点を提示したりするなど，学びに必要な指導の在り方を追究し，必要な学習環境を積極的に設定していくことが求められる」としている（p.19）。大きな学力差のある通常のクラスの児童・生徒たちが，対話や協同的問題解決に参加し，質の高い深い学びに至るためには，理解やコミュニケーションの基盤となる共通知識をもっておくことは不可欠である。

例えば，アメリカの大学・高校に端を発し，日本の学校でも試みられるようになった「反転授業」と呼ばれる方法では，予習用の講義ビデオなどによって生徒が基礎知識を得ておくことにより，授業の中では問題解決や討論に重点を置いた活動を十分に展開しようとする。「教えて考えさせる授業」は，そこまで予習によって知識を得ておくことを要求していないが，少なくとも，簡単な予習と教師のていねいな説明によって知識を共通に与えてから，子どもどうしの相互説明活動で理解を確認し，さらに授業の後半は協同的問題解決を取り入れた理解深化課題を行うという，事前知識を重視した上でのアクティブ・ラーニングといえる。

実質的には，何をアクティブ・ラーニングと呼ぶかは大きな問題ではない。重要なのは，習得の学習の中でも，教師が教えたことを理解するというインプット活動と，子ども自らが説明したり，考えを出し合ったりするアウトプット活動は車の両輪で，お互いに高め合う関係にあるということだ。その両方を通してこそ，深い理解を伴った習得に至ることができるということである。

④ 教えることの重要性とむずかしさ──小学校算数の事例から

「教えて考えさせる授業」が，もともと意味理解，問題解決，メタ認知，コミュニケーション，学習スキルなどの促進を目指していることは，本書でもこれまで強調してきた。これは，今後の教育課程が目指すところと軌を一にするものである。そのための方策としてのアクティブ・ラーニングが，理解確認，理解深化においてすでに入っていることも述べてきた。

とりわけ，理解深化はアクティブ・ラーニングらしい活動といえるだろう。また，ここがうまくいかない（つまり，主体的・対話的な深い学びにならない）ということがときおりあるという。つまり，子どもたちが考えあぐねてしまって，シーンとしたまま時間ばかり過ぎてしまい，対話にも解決にも至らないというような場合だ。これでは，とても「アクティブ・ラーニング」とはいえない。

ここで，事後検討会では，「課題がむずかしすぎたのだろう」といってもっとやさしい問題に変えるべきだ，という意見に収束してしまうことがよくある。私は，必ずしもそうは思わない。実は，「教える」というところで，子どもにわかるような教え方をしていないことがしばしば見受けられるのである。

例えば，単なる手順だけで教えたことにしてしまっていることがある。「二等辺三角形の作図」（小3）のある授業では，5cm，8cm，8cmの二等辺三角形をかくのに，「まず底辺をかき，コンパスで両方の頂点から8cmの円をかき，交点から2つの頂点に線をひく」という手順を先生は演示しながら教えた。確かに，教科書にもそのような説明がある。理解確認として，児童たちは，手順を唱えながらかいてみる。ここで理解深化として出された問題は，「先に，8cmの辺をかいてしまったら，どうしよう」というものであった。おもしろい課題なのだが，結局，どのグループもお手上げ状態で，学び合いも盛り上がらず，最後までだれも解けずに終わった。

そのエピソードを私から聞いて，別の先生は，その手順の意味や意図をしっかりと教えることにした。3つの辺にあたる棒を用意し，「まず5cmの底辺を置けば，2つの頂点は決まる。三角形の頂点は3つだから，もう1つの頂点を探せばいいよね」と言って，8cmの棒一本で探そうとする。これだと定まらないが，もう一本の8cmを使えば一点が見つかる。「みんなは，この棒よりもいいものを持ってるよね」と言うと，いっせいに「コンパス～」という答えが返ってきた。こうして教えておくと，同じ理解深化課題でも活発な話し合いが起こり，大半のグループが解決に至ることができた。

小学校2年の「三角形と四角形」を見た時である。三角形の意味（定義）は、「3本の直線で囲まれた形」であることを教える。理解確認では、いろいろな図形について三角形かどうかを判断し、その理由の説明を求める。ところが、子どもにとってむずかしいのは、「三角形とはいえないときの理由の述べ方」だったのだ。それをあいまいにしたまま、「あやしい三角形をつくってお互いに出し合い、三角形といえるかどうか説明しよう」という理解深化課題に入ったのだが、結局説明がうまくできないまま終わってしまった。「3つの条件はセットだから、三角形でない時は、『だって、○○でないから』と言えばいいんだよ」という説明のしかたを教えておかないと、期待するコミュニケーションは起こらないことを見ていて実感した。

子どもにとって必要だがむずかしいことを教師が的確に教えておけば、それを共通の基盤にしながら、活発な話し合いや問題解決が起こっていく。ただし、それが何かは、教科書には直接的に書かれていないこともある。見ていると、なんとかすべての子が説明できるようにと思って、教師が形式的な話型を与え、そのとおりに言わせようとすると、児童は、話型を覚えることや間違えずに言うことばかりに気を使ってしまって、かえって能動的、主体的な説明にならない。このあたりの工夫が「教えて考えさせる授業」のむずかしいところでもあり、研究しがいのあるところでもある。

⑤ おわりに——有効なアクティブ・ラーニングに向けて

下村文部科学大臣（当時）の諮問から火のついた感のあるアクティブ・ラーニングだが、中教審での議論をみている限り、「積極的だが冷静」と私はみている。私もそれでよいと思う。逆に、いま与党自民党内からは、「アクティブ・ラーニングはゆとり教育への逆戻りになるのではないか」という懸念も出ているという。馳文部科学大臣はこれを否定し、「教育の強靱化」という言葉を使って、「ゆとりか詰め込みかという議論には戻らず、内容や時間の削減はしない」という方針を表明した。（2016年5月）。

一方、全国各地を訪問すると、アクティブ・ラーニングという言葉はかなり影響力をもっており、情報が偏っていたり錯綜したりして、混乱しているところもあるらしい。それらの中には、アクティブ・ラーニングの特徴的な一面である「小グループによる学び合い」のみを強調しすぎたものがあり、およそ有効なアクティブ・ラーニングになっていないもの、つまり「深い学び」に至っていない授業もあるようだ。教材や指導法を研究している教師の役割を重視していない授業論は、知識・技能の習得にも、資質・能力の育成にもつながらない、というのが「教えて考えさせる授業」の立場である。

Part1 文献リスト

藤澤義信（2015）柏島小学校の教育－日々の授業を通じてメタ認知を育てる－．植阪友理・エマニュエル マナロ（編）「教授・学習研究への新たな挑戦：理論と実践」（pp.73-87）

Griffin, P., McGaw, B., & Care, E., Eds. (2012). Assessment and Teaching of 21st Century Skills. Dordrecht, Springer.

市川伸一編（1993）学習を支える認知カウンセリング．ブレーン出版

市川伸一（1995）現代心理学入門3　学習と教育の心理学．岩波書店

市川伸一（2002）学力低下論争．ちくま新書

市川伸一（2004）学ぶ意欲とスキルを育てる－いま求められる学力向上策－．小学館

市川伸一（2008）「教えて考えさせる授業」を創る－基礎基本の定着・深化・活用を促す「習得型」授業設計－．図書文化

市川伸一編（2013a）「教えて考えさせる授業」の挑戦－学ぶ意欲と深い理解を育む授業デザイン－．明治図書

市川伸一（2013b）勉強法の科学－心理学から学習を探る－．岩波書店

授業を考える教育心理学者の会（1999）いじめられた知識からのメッセージ－ホントは知識が「興味・関心・意欲」を生み出す－．北大路書房

西林克彦（1994）間違いだらけの学習論－なぜ勉強が身につかないか－．新曜社

Rychen, D. S., & Salganik, L., H., Eds. (2003) Key Competencies for a Successful Life and a Well-Functioning Society. Hogrefe & Huber, Göttingen.

三宮真智子編（2008）メタ認知－学習力を支える高次認知機能－．北大路書房

谷本登志江（2014）授業と連動させた学習方法の指導－「教えて考えさせる授業」と「学び方5」の活用を通して－．植阪友理・エマニュエル マナロ（編）「学習方略研究における理論と実践の新たな展開」（pp.89-97）

植阪友理（2010）学習方略は教科間でいかに転移するか－「教訓帰納」の自発的な利用を促す事例研究から－．教育心理学研究, vol.58, pp.80-94

植阪友理（2014）一斉授業と家庭授業を通じたメタ認知の育成－倉敷市柏島小学校のノート分析をふまえて－．植阪友理・エマニュエル マナロ（編）「学習方略研究における理論と実践の新たな展開」（pp.63-74）

Part 2

教科別授業プラン

分数 「半分の半分」を分数で表す	[算数・2年]	§1
直方体と立方体 立方体になる展開図について考えよう	[算数・4年]	§2
平均とその利用 部分の平均から,全体の平均を求めるには	[算数・5年]	§3
ともなって変わる量 「比例・反比例・どちらでもない」を判断するには	[算数・6年]	§4
国語辞典の使い方 見出し語の順序を理解する	[国語・3年]	§5
説明文の構造をつかむ 筆者の「考え」と「その理由」を読み取る	[国語・4年]	§6
わかりやすく伝える 推敲の力をつけるには	[国語・5年]	§7
物語文「わらぐつの中の神様」 人物像を「価値観」という視点からとらえる	[国語・5年]	§8
もののあたたまり方 水と金属のあたたまり方の違い	[理科・4年]	§9
流れる水のはたらき この川の防災対策は大丈夫?	[理科・5年]	§10
てこのはたらき 支点,力点,作用点はどこにあるか	[理科・6年]	§11
私たちのくらしとお店ではたらく人々 身近な資料から「なぜ」を考える	[社会・3年]	§12
情報化した社会とわたしたちの生活 なぜ総合病院は情報ネットワークを導入しているのか	[社会・5年]	§13
国民主権と選挙 自分のこととして選挙を考えよう	[社会・6年]	§14
工夫しよう,さわやかな生活 「衣服の汚れ」を目で見てみよう	[家庭・5年]	§15
ゴール型のボール運動/バスケットボール 状況に応じた技能を身につける	[体育・6年]	§16
日本音楽の創作活動 ぼくも わたしも 作曲家	[音楽・6年]	§17
ぼかし遊び 魔法をかけて,生まれた世界は	[図工・2年]	§18
When is your birthday? 基本文の一部を変えて表現する	[外国語(英語)・6年]	§19
いろいろな立場から考える 「泣いた赤鬼」を高学年で読み直す	[道徳・6年]	§20

§1 算数／2年［分数］

「半分の半分」を分数で表す

●美作市立勝田小学校 衣畑味里

① 学習内容と困難度査定

　本単元は，分数について児童が初めて学ぶ単元であり，今後の学習の基盤となる素地的な学習活動を扱う。具体物を半分にしたり，半分の半分にしたりするなどの操作を通して，分数の意味を実感的に理解し，その大きさを数で表そうという視点を育てることがねらいである。これまでに児童は日常生活の中で，物を半分に分けたり，折り紙を半分に折ったりすることを経験してきている。一方で，全国学力・学習状況調査の結果から，本校の児童は分数で表されているとそれだけでむずかしいと思ってしまう傾向にあることがうかがえた。また，もとの大きさが変わると相対的に大きさが変わってくるという割合の考え方が苦手だと感じている児童も多い。そこで，これまでの生活経験を生かして，半分にすることや半分の大きさ，半分の半分の大きさの意味をつかみ，それぞれの大きさを数で表すという算数的な視点でとらえられるようにしたい。

　本時は前時で学んだ1/2の学習をもとに，1/2をさらに半分にした1/4を学習する。子どもによっては，「半分の半分」「さらに半分」という言葉だけでは，実際に何等分したことかをイメージしにくい児童もいると考えられる。そこで本時では，紙テープなどの具体物を操作したり，指さしながら説明したりする活動を通して，操作活動と言葉をつないで意味理解を深めていきたい。また，本時では少し触れる程度であるが，1/4をさらに半分にして8等分した場合には1/8になるということにも言及し，「何分の1」という発想そのものにも触れさせる。

　また，この授業では，1/4とはどのような量かということを理解するのみならず，子どもがあまり意識できていないような分数の重要な特徴や，誤解しそうなことを取り上げて理解を深めたい。これは，子どもたちのつまずきの実態から生まれてきた発想である。例えば，同じ円を4等分する場合を考えてみると，もとの円の大きさが異なれば，同じ1/4であっても違う大きさになる。しかし，こうしたことを意識化している子どもは少ないのが実態である。また，子どもによっては，4等分されたテープ図の最初の1

つ分が1/4だと考えており，どの部分を取りだしても1/4になるということを十分に理解していない児童も少なくない。さらに，同じ大きさの正方形を4等分する場合であっても，4等分にする仕方が異なれば，1/4の形は異なってくる。これらはすべて，教師が最初の説明で示した「1/4とは，半分の半分の大きさ」ということに立ち返れば判断できるが，子どもたちはそうした定義の説明に立ち返るという発想も十分にはもっていないと予測できた。教科書には明示的には示されていないこうした発想についても，児童が合わせて理解するようになることが本時の目的である。

② 本時の展開と指導上の工夫

　上記のような深い理解を達成するために，教師の説明，理解確認，理解深化それぞれに工夫を加える。まず，教師の説明では，もとの大きさの半分をさらに半分に分け，4等分したものが1/4であることを，具体物の操作を通して実感を伴って理解させる。また，さらに半分にして8個に分けた場合には1/8であることにも言及し，（本単元では深くは取り上げないものの）「何分の1」という発想にも触れさせる。前時の学習を参照しながら，もとの大きさが違うと同じ1/4でも大きさが違ってくることや，1/4の4つ分はもとの大きさになることも教える。

　理解確認では，様々な図を与え，1/4を探すという課題を与える。ここでは，児童のあまり意識できていない重要な点について意識させるために，テープ図の中ほどの1/4が塗られた図や，大きさの異なる円の1/4が塗られた図なども混在させる。すこし自分で考える時間を設けたのち，ペアで学習に取り組ませる。自信のない児童も，まわりの児童の説明などを聞いて，理解できるようになることを目指す。

　理解深化では，円や正方形の紙を与え，いろいろな形の1/4を作る活動を行わせる。縦に切る，横に切る，斜めに切るなど，多様な1/4が作られると考えられる。この活動を通して，形や大きさ，分け方が違っても4等分した1つ分はもとの大きさの1/4になることを実感としてとらえさせたい。また，グループ学習の中で，分数の定義にもとづいて考えられるようにしたい。また，最後に等分せずに4つに分けた間違い例を全体に示し，なぜ1/4とはいえないのか説明を求めることで，意味理解を深める。

③ 本時の目標と授業案

目標 ●もとの大きさの半分をさらに半分にした大きさは，1/4という分数で表すことを理解する。

●さらに，もとの量が異なる場合には，同じ1/4であっても大きさが異なることや，もとの量が同じでも分け方が異なる場合には，同じ1/4であっても形が異なることを意識させる。

予習 ・本時の学習への見通しをもつ。
・教科書を読み，大切だと思うところに印を付けさせ，学習内容を知る。

●教師の説明 ▶▶▶ 15分

●テープを半分の半分に等分した1つ分の大きさの表し方を説明する。

・テープを折る操作をしながら，前時の学習内容（2等分した1つ分は1/2）を思い出し，さらに半分の半分（4等分した1つ分）が1/4になることを説明する。
・同じように考えると，1/4をさらに半分にした大きさ（8等分した1つ分）は，1/8と表せることにも言及する。
・前時の1/2と同じように，もとの大きさが違うと同じ1/4でも大きさが違ってくることや，1/4の4つ分はもとの大きさになることを説明する。

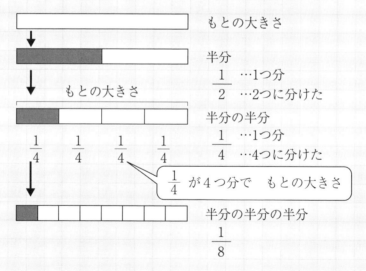

最後に，〈大切〉として，以下の点をまとめる。

〈大切〉もとの大きさを同じ大きさに4つに分けた1つ分を，もとの大きさの $\frac{1}{4}$（4分の1）という。

[分数] 2年／算数 §1

● 理解確認 ▶▶▶ 10分

●1/4を表しているものを選ばせ，図の横に1/4とかきこませる。また，理由も説明できるように求める。

・まずは少し自分で考える時間をとった後，自分の考えをペアで説明し合う。
・自信のない児童も，ペアで学習することで理解が深まるようにする。
・説明する時は，プリント上の図を指し示しながら説明するように助言する。
・選ぶだけではなく，4つに分けた1つ分になっている，8つに分けた1つ分になっているといった説明ができることが大事であるという姿勢で取り組ませる。
・分数の定義から，右図の②や④のような場合も1/4と表せることを確認する。
・もとの大きさが変わると，1/4の大きさも変わってくることを確認する。

$\frac{1}{4}$ を表しているのはどれでしょうか。
もとの大きさ
① ② ③ ④ ⑤ ⑥

● 理解深化 ▶▶▶ 15分

●正方形や長方形の紙を折って，いろいろな1/4を作る。

・まず，自分でいろいろな1/4を作ってもらい，次にグループの中で発表してもらう。
・うまく作れない時にはグループのメンバーに助けてもらうように促す。
・1/4を作ることで困っている

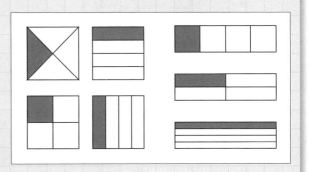

039

時には，まず半分に折って1/2を作り，さらに半分に折って1/4にしたことを想起するように全体に助言する。
- 各グループに1つホワイトボードを与え，グループの中でできるだけ特徴の違う2つの分け方を選んで貼ってもらい，発表してもらう。
- 同じ図形（正方形や長方形）を4等分した図形はいずれも1/4であるが，形は様々であることを共有する。

● 等分されていない間違い例
- 4つに分けているものの，等分されていない間違い例を全体に示し，なぜ1/4とはいえないのかを説明してもらう活動を通じて，等分していることが重要であるという，分数の定義の理解深化を図る。

● 自己評価 ▶▶▶ 5分

● 本時の学習の振り返りをノートに書く。
- 本時の学習で「わかったこと」「がんばったこと」「ともだちのよかったところ」「もっとやってみたいこと」などをノートに書く。

④ 授業の実際

　本指導案は，2016年1月に美作市立勝田小学校において行われた公開研究授業をもとに作成されたものである。

　教師の説明では，教師とともに手元の紙テープを折りながら教わることで，児童が実感をもって理解している様子がうかがえた。1/8については，本単元の学習内容を超えたものであるが，実際に手元で操作をしながら伝えたことにより，子どもたちは納得した様子であり，大きな混乱はみられなかった。本時の主たる目的ではないものの，1/2，1/4，1/8に共通する発想として，いくつかに等分したうちの1つを，「何分の1」と表現するのだという今後につながる発想がぼんやりとでも共有されたと考えている。

　また，理解確認においては，テープ図の真ん中の1/4が塗られた図などを1/4といってよいのかについて自信がなさそうな様子の子どももみられたが，ペア同士で話し合う

中で理解が共有されている様子がみてとれた。

　さらに，理解深化では，できるだけ違う1/4を作って発表するように促したことから，子どもたちがゲーム感覚で多様な1/4を作りだしていた。実際に紙を折りながら考えるという活動でもあり，グループで行っていることも重なって，グループごとに活発に活動していた。最後に，各班から2つずつ例を出してもらって全体に発表するという活動を行ったところ，同じ1/4でも実に多様な種類のものがあることが一目瞭然となった。同じ1/4であっても様々な大きさ，様々な形があるということは，教師の説明や理解確認において意識した内容であったが，児童にとってより深く実感できた時間であったように思う。

　さらに，今回の理解深化では，児童からは誤答が出なかったので，あえて教師から誤った例を提示し，何が問題かを指摘してもらうという活動をクラス全体で入れた。実際，理解深化に取り組んでいる中では等分ではない例も見受けられたが，発表の際には，そうした例は上がってこなかった。特定の子どもの間違いについて議論してもらうと，その子どもの自尊心が傷つく可能性がある。一方，今回は教師が作った誤答についてクラス全体で共有し，「なぜこれは1/4とはいえないのか」を議論してもらうという形であり，そうした問題は生じなかった。さらに，「なぜ1/4といえないのか」に答えるためには，そもそも1/4とはどのような大きさかに立ち返る必要があり，定義に立ち返る必要性を感じさせることにつながった。また，なぜについて児童自身が説明できることが大切というメッセージを伝えることにもつながったと感じている。

　最後に，本指導案の設計にあたって意識した点について再度述べておきたい。1/4を学習するという本時の内容は，具体物の操作などを上手に取り入れれば，子どもにとってそこまで理解がむずかしいことではないだろう。一方で，算数的活動を取り入れて理解させるだけでは，ある種，表面的な理解にとどまってしまう可能性があった。例えば，典型的な例のようにテープ図の中ほどが塗られている場合には1/4と思いにくい，大きさが異なる図形を同じく1/4であるということに抵抗を感じる，などがそれにあたる。こうした点を意識させるために，理解確認や理解深化では工夫を取り入れた。誤解しやすい点については，教師の説明でもある程度は指摘しているが，理解深化で自分たちで多様な答えを作りだし，一覧することでより深く実感できたと考えている。

　本校では，研究実践の中で学習者のつまずきを予測し（困難度査定），それを踏まえた設計にこだわって公開研究発表の授業実践を行った。本指導案は，そうした発想が比較的みえやすい例ではなかったかと考えている。

§2 算数／4年［直方体と立方体］

立方体になる展開図について考えよう

●倉敷市立大高小学校 古家野恵理

① 学習内容と困難度査定

本単元は，学習指導要領の第4学年内容C「図形」（2）（3）に示された，「立方体，直方体などの立体図形」と「ものの位置の表し方」の理解を深めるために設定された単元である。図形については第2学年で箱の形をしたものを観察したり，構成したりして，立体図形の構成要素に着目することを指導してきている。第4学年では，立方体や直方体について知り，立体図形について理解することをねらいとしている。直方体に関連して，直線や平面の平行及び垂直の関係についても理解できるようにするとともに，図形を観察したり，構成したり，分解したりすることを通して，図形についての見方を豊かにしていくようにしたい。

また，ものの位置については，第1学年で前後，左右，上下などの言葉で表すことについて指導している。第4学年では，平面の上にあるものの位置や，空間の中にあるものの位置の表し方について理解できるようにする。平面上では，横と縦の2つの要素，空間の中では，横，縦，高さの3つの要素で位置が表せることを地図の読み取りなど生活への活用と関連づけて学習できるようにしたい。

本時では，図形領域を苦手とする子どもにとって，展開図からできあがる立体図形を想像することは困難であることが予想される。また，立方体は同じ正方形6枚で構成されるため，直方体と違って展開図から面や辺のつながりや位置関係をとらえにくいと考えられる。そこで，作業的・体験的活動を授業の中で大切に扱い，展開図からできあがる立体図形の念頭操作ができるようにし，立体図形について理解を深められるようにしたい。

② 本時の展開と指導上の工夫

（1）意味理解につながる「説明」の工夫

1つの立体図形でも，いくつかの展開図があることの見通しがもてるように，立方体

の箱を切り開く様子を，デジタル教科書を使って提示する。また，立体図形を組み立てる操作活動を取り入れ，グループで疑問点を話し合ったり確かめ合ったりすることで，実感を伴った理解につながるようにする。向かい合う面に印を付けて視覚支援をしたり，1つの面をもとにして考えてイメージの共有化を図ったりすることで，展開図を組み立てた時のイメージにつなげるようにする。

(2) 適切な問題設定や効果的なグループ活動による理解深化の工夫

　理解確認課題までは，操作活動をもとに考えられるようにしてきたが，理解深化課題では念頭で展開図を組み立てることにチャレンジする。各グループには切り開くことのできない立方体を渡し，それを考える手がかりとしながら，展開図の表す面や辺が立方体のどの部分を示しているのかを説明できるようにする。また，文字や絵がかかれている立方体なので，文字や絵の向きを考える際には，面や辺のつながりを説明する必然性が生まれることをねらっている。グループ活動では，具体物を使ってなぜ間違っているのかを話し合うことで，立体図形をイメージする力を伸ばすとともに，意味理解を深めることにもつなげていきたい。

(3) メタ認知の力を高める自己評価の工夫

　振り返りでは，立方体の展開図について，「1つの面をもとにする」をキーワードとしてわかったことや，わからなかったこと，わかるようになったきっかけなどを具体的に振り返るように助言する。また，理解深化課題の類似問題を提示し，自主学習での学び直しや，より発展的な問題に進んで取り組む子どもを目指していきたい。

③ 本時の目標と授業案

目標 ●立方体を展開図に表した時の面や辺のつながりを説明することができる。

予習 ・正方形の画用紙を事前に6枚渡し，立方体の展開図を作成することで，本時の学習への意欲を高めるようにする。

● **教師の説明** ▶▶▶ 10分

●展開図の確認

・プレゼンテーションソフトを使い，立方体の切り開き方によっていろいろな展開図があることを確認し，めあてにつなげる。

● 立方体になる展開図を見つけるには
　・展開図を組み立てる操作活動をグループで行い，もとになる1つの面を決めたり，面に印を付けたりすることで，立体になった時のイメージをつかみやすくする。
　・正しい立方体の展開図には，向かい合う面が3組あることを確認する。
● 誤りやすい例
　・面の重なりがある展開図は，立方体にならないことを伝える。

● 理解確認 ▶▶▶ 10分

● 課題を解く。（立方体の正しい展開図はどれか → p.47資料）

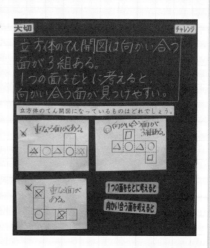

　・自力解決ができにくい子どもには，まずもとにする1つの面を決めることを助言する。
　・早くできた子どもには，3組の面に印を付け，わかりやすい説明の準備をするように伝える。
　・全体での確認の場では，展開図を立体図形に組み立てることで，面の位置関係や重なる辺や頂点を確認しながら説明し，図形感覚を身につけることができるようにする。

● 理解深化 ▶▶▶ 20分

● 組み立てて絵や文字が正しい位置になる立方体を考える。

　・グループに立方体を渡し，展開図と比べながら考えることで，向かい合う面や重なり合う辺のつながりに着目して説明することができるようにする。
　・子どもの発表をもとに，向かい合う面と重なり合う辺を考えると右の写真にある③が正しいこ

とを確認する。
- 実際に展開図を組み立てて見せることで，図形感覚を豊かにし，展開図の向かい合う面や重なり合う辺のつながりについて意味理解を深める。

● **自己評価** ▶▶▶ 5分

● 授業の振り返りを書く。
- 「1つの面をもとにする」をキーワードとして振り返りを書くことで，メタ認知につながるようにする。

● 家庭学習とつなぐ。
- 他の立方体の展開図では，文字の位置がどのようになるか応用問題を問いかけることで，授業と家庭学習をつなぐことができるようにする（p.47資料）。

④ 授業の実際

　操作活動を伴った授業で理解を確かにするために，展開図をグループごとに渡して，立体を組み立てる活動に取り組んだ。立体のイメージがもちにくい子どもにとっては有効であり，また，視覚的にわかるように向かい合う面に印を付けることで，＜大切＞（その時間で習得してほしいこと）の意味理解につながった。また，予習の段階で自由に活用できるよう，事前に正方形の画用紙を6枚渡しておいたことも，自分の考えをもったり意欲づけになったりしていて，操作活動の場面で生かされた。

　理解深化課題では，展開図からできあがる立体図形をイメージできるように，平面の展開図と立体のサイコロを教具として使った。教具があることで，子どもは平面と立体をつなげながら，面の位置関係を説明することができた。また，説明する際に，「向かい合う面を考えると」「重なる辺を考えると」などキーワードを提示した。キーワードを使って説明することで，＜大切＞の内容や前時の学習とつなげて考える手がかりにもなり，意味理解を深めることにつなげることができた。

　しかし，重なる辺に目を向けて説明できた子どもは少なかったので，前時の直方体の学習や本時の理解確認課題でも，重なる辺について押さえをしっかりしておくことが必要であった。また，全体場面で重なる辺を確認した際に，教師が実際に辺に色を付けて組み立てたり，子ども自身もワークシートに重なる辺を色付けしたりするなどの視覚支援の工夫も取り入れることによって，より理解を促すことができたのではないかと考え

られる。

　メタ認知を高めるために,「1つの面をもとにする」をキーワードとして振り返りをすることで,本時のねらいに迫る振り返りを書くことができた。また,類似問題を提示することで,より発展的な問題にも自主学習で進んで取り組む子どもがたくさんみられた。今後も学ぶ意欲につながる振り返りの時間になるように工夫をしていきたい。

　単元を通しては,図形の学習なので,具体物を用意して操作活動をなるべく多く取り入れた授業づくりを心がけた。そして,操作活動でわかったことや気づいたことを,ペアや3人組で話し合って理解を深める学習活動を継続的に取り入れてきた。説明の際には,自分の理解を確かにしたり,より友達にも伝わったりするようにキーワードを示していくことで,子どもは＜大切＞を常に意識した学習をすることができるようになったと感じている。子どもが意欲的に取り組む授業づくりと,実感を伴った理解を支える説明力を養う場の工夫を,これからも研究していきたい。

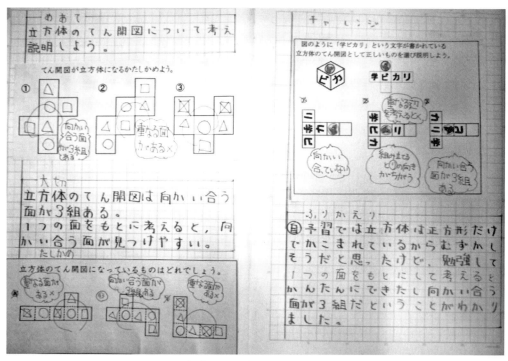

本時の子どものノートより

立方体のてん開図になっているものはどれでしょう。

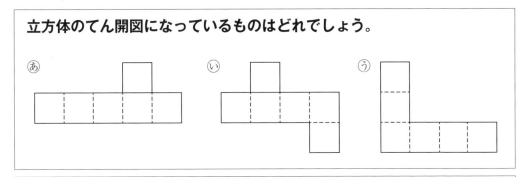

図のように「学ビカリ」という文字が書かれている立方体のてん開図として正しいものを選び説明しよう。

①  ② 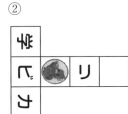 ③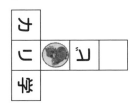

自主学習問題

立方体のてん開図として正しいものを1つ選び、理由を説明しましょう。

① 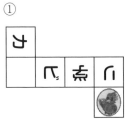 ② 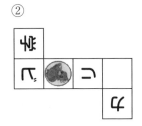 ③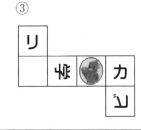

授業で使用したワークシート

§3 算数／5年［平均とその利用］

部分の平均から，全体の平均を求めるには

●八戸市立長者小学校　八嶋俊次

① 学習内容と困難度査定

　本単元は，測定した結果（データ）について，平均を用いて妥当な数値でならすことができるようにすることをねらいとしている。物事のデータを集め，その特徴をつかむために平均の考え方を使うことは，データの統計処理の基礎となる学習である。平均を学習する価値の1つとして，「同じ傾向が続くとしたら」という想定のもと，これからの出来事を推測することができるということが挙げられる。また，平均の考えを利用して歩幅を求めたり，歩幅を活用して距離を概測したりする活動に加え，「1週間のデータをもとに1日に食べる米の量を求める」など，生活場面や他教科で活用しやすいということもあるだろう。そこで，振り返りでは，授業でわかったことやわからなかったことを書かせるだけではなく，もっと調べてみたいことを書くように働きかけをすることで，主体的な学習を推進し，さらに探究的な学習へつなげていきたい。

　本時は，男女別やグループ別など各部分の平均をもとに，全体の平均を求める学習である。教科書では，グループごとの人数と平均が表に整理された状態で提示され，クラス全体の平均を求める設問となっている。ここで，表の縦と横にどのような関係が成り立っているのかをとらえるのがむずかしいところである。とくに，全体の平均は，それぞれの部分の平均であると思い込みやすい。つまり，この表でいえば，全体の平均は（15＋10）÷2＝12.5と思ってしまう。AグループとBグループ，クラス全体のそれぞれについて，平均の定義に立ち返らせながら，人数，平均，合計との関係がどうなっているかを確認する必要があるだろう。表に整理することで関係がとらえやすくなることに気づかせるとともに，自ら表を使って考える技能を身につけさせたいと考えている。

グループ	人数	個数の平均	合計
A	18人	15個	
B	12人	10個	
全体			

空き缶集めをグループごとに整理した表

② 本時の展開と指導上の工夫

　予習では，教科書を読んで，本時の内容や課題を確認しておくことと，穴埋めになっている例題を解いてくることを求めた。合わせて，わからないところに青線を引くことは，日頃より予習としてやってくることとなっている。教師の説明で，平均の定義に立ち返らせながら，空き缶がかかれた絵図を使い，2つの部分の平均を足して2で割っても全体の平均にならないことを説明しておく。理解確認として，教科書にある類題を解く。クラス別の走り幅跳びの結果をもとに，学年全体の平均を求める設問である。ここでは，それぞれの合計を出して，個数の合計で割ることが確認できればよいものとする。理解深化で，ある部分の平均を求める問題に取り組む。問題文を読んで，まずは，何がわかれば答えが求められるのかを考えさせた後に，区分けされた表に整理しながら考えさせていく。前時までに習得した平均の定義を使えば，空いている部分を求められることに気づかせたい。

③ 本時の目標と授業案

> **目標** ●いくつかの部分の平均から，全体の平均を求めることができる。また，平均，個数，合計のそれぞれの数値について，相互関係をもとに求めることができる。
>
> **予習** ・教科書の該当部分を読み，説明がよくわからないところに青線を引いてくる。例題1に取り組んでみる。
>
> （啓林館『わくわく算数5』平成27年度版，p.141）

● 教師の説明 ▶▶▶ 15分

●平均とは何か

「平均とは，合計÷個数です。これは，全体についても，部分についても，いつも成り立ちます」（既習事項の確認）

●部分の平均から全体の平均を求めるには

「部分の平均がわかっている時は，各部分の平均を足して割るのではなく，平均の考え方に戻って，全体の合計÷個数で

平均の定義に戻って考える

求めます」

平均 ＝（部分の合計＋部分の合計）÷（部分の個数＋部分の個数）

●空き缶集めの表を完成させ，全体の平均を求める。

●誤りやすい例

- 2つの平均を足して2で割ってしまうのは誤りで，それぞれの部分に含まれるデータの個数に影響される。いくつかのコップに入った水を全部集めてから全体平均を出す図を示しながら，定義に戻って全体平均を出す必要があることを確認する。
- ただし，各部分の個数が等しい場合は，部分の平均を足して割れば全体平均になる。これは，ここでは触れないが，単元末の探究課題の1つとして取り組ませたい。

● 理解確認 ▶▶▶ 10分

●教科書の類題を解く（教科書 p.141⑦）

- クラス別の走り幅跳びの記録をもとに，学年全体の平均を求める問題に取り組む。
- 代表児童が答えと求め方を発表する。説明する時は，「記録の合計」「全体の人数」「クラス別平均」のどれを求める式なのかに気をつけさせる。
- 表の項目はあらかじめ教師側で完成させておき，縦と横の関係性だけに着目させる。
- ペアで答えと求め方を説明し合う。

● 理解深化 ▶▶▶ 15分

●全体の平均から部分の平均を求める問題を解く。

（問題）にわとりが，昨日卵を7個うみました。平均の重さは1個57gでした。今日は，5個うみました。昨日と今日の卵を合わせた平均の重さは，1個59.5gでした。今日の卵の平均の重さは何gですか。

- 何がわかれば「今日の卵の平均」を求められるか考える。
- 表に整理すると間違いが少ないことに気づくよう，はたらきかける。
- 「合計＝平均×個数」「平均＝合計÷個数」「昨日の個数＋今日の個数＝昨日と今日の合計の個数」を使うと，今日の平均が求められることを使って問題

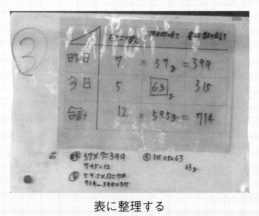

表に整理する

解決を図る。
- 「昨日」と「今日」,「昨日と今日の合計」のそれぞれについて,個数,平均,合計(総計)を求める。
- グループ内で相談する場面をつくり,協同解決を図る。
- いくつかのグループから,求め方を発表してもらう。

● 自己評価 ▶▶▶ 5分

●授業の振り返りを書く。
- 「大切だと思ったこと」「まだよくわからないこと」「もっと調べてみたいこと」「そのほかの感想」を書く。

④ 授業の実際

　冒頭の空き缶集めの問題は,全体の個数や人数を求める式が穴埋め式になっているので,順を追って計算するとほとんどの子どもは難なく答えを求めることができていた。しかし,「全体の平均を求めるには,各部分の合計を出して,部分の個数を足したもので割る」という説明での児童の反応はいまひとつという感じだった。これは,部分の平均を足して2で割った数値(12.5)と正しい平均値(13)との違いがほとんどなかったことも原因と考えられる。個数が極端に異なる場合は,かなりの違いが出ることを補足する必要があったかもしれない。

　理解確認課題は,クラス別の走り幅跳びの平均から学年全体の平均を求めるもので,ほとんどの児童が正しく求めることができた。各部分の合計値から全体合計を出して,人数の合計値で割ることにポイントを絞り,合計÷個数という平均の基本に立ち返れば説明することができるので,ペア学習は意欲的に行っていた。

　理解深化では,表の項目を考えるところから取り組ませた。「昨日」「今日」「昨日と今日の合計」それぞれについて,「個数」「平均」「合計」を求めることに気づいた子はすぐに取りかかっていたが,どんな項目を書けばよいか決めかねていた子には,一番求めやすい個数の合計から考えるよう助言した。表の横は,かけ算とわり算の関係を使い,縦は,たし算とひき算を使わなければならないことがむずかしいようだ。自力解決の後に,協同学習を取り入れた。相談しながら数値を入れていく作業を通して,「そこはどうしてわり算なの」と理由を聞きながら答えを求めていた。

部分の平均から全体の平均を求める

年　　組　　名前（　　　　　　　）

●ポイント

平均とは何か

いくつかの数量を，同じ大きさになるようにならしたものを，それらの数量の平均といいます。

部分の平均と部分の平均を足して割ると全体の平均にはなりません。

	人数	平均	合計
A	18人	15個	
B	12人	10個	
全体			

条件整理された表をもとに考えましょう。

全体の個数：15×18＋10×12＝

全体の人数：18＋12＝

全体の平均（1人あたりの個数）：

●確かめよう

教科書の課題

	人数	とんだ長さの平均
1組女子	16人	272cm
2組女子	14人	269cm

5年生女子全体のとんだ長さの平均は何cmですか。

●深めよう

にわとりが,昨日卵を7個うみました。平均の重さは1個57gでした。今日は5個うみました。昨日と今日の卵を合わせた平均の重さは,1個59.5gでした。今日の卵の平均の重さは何gですか。

①表の項目を考えてみよう。

②どこがわかれば,今日の卵の平均の重さがわかるか考えてみよう。

	個数（個）	平均（g）	合計
昨日	7	57	
今日	5		
昨日と今日の合計		59.5	

③考えた順番に式を書いて答えを求めてみよう。

●ふり返ろう

1) 今日の授業で大切だと思ったことや,まだよくわからないことを書きましょう。

2) もっと調べてみたいことは何ですか。

3) その他

§4 算数／6年 [ともなって変わる量]

「比例・反比例・どちらでもない」を判断するには

●うるま市立平敷屋小学校 仲間悦子

① 学習内容と困難度査定

　本時は，「比例と反比例」18時間単元の最後に位置づく「力だめし」の1時間である。「比例」と「反比例」をそれぞれ別々に学習している時はスムーズに問題が解けていても，単元全体の復習場面で「比例・反比例・どちらでもない」が混在している中からそれぞれを正しく判断するのは，児童にはむずかしいようである。例えば，一方が増えた時に他方も増えれば，比例になると誤解してしまう児童が多い。ここでは，そうしたつまずきを克服するとともに，比例と反比例について，式，表，グラフがどうなるかをまとめて理解させ，中学校での式による定義につなげたい。

　これまでの学習で，まず表から2量の変化の規則性を見つけることを教えてある。次にグラフに表し，「比例」のグラフは0を通る直線，「反比例」のグラフはx軸とy軸に近づく曲線になることも教えてある。さらに発展として，xとyの関係式から決まった数（比例定数）を見つけ，式のみから判断できることも教えた。しかし，式化する際にxとyの関係の規則性を見つけることが困難な児童がいた。そこで，決まった数を求めることができるように指導する。つまりxとyの関係を考えさせ，比例なら「$y=$（決まった数）$\times x$」，反比例なら「$y=$（決まった数）$\div x$」という式化に導いていく。

② 本時の展開と指導上の工夫

　授業スタート前には，フラッシュ教材を活用し，グラフの形や式から「比例・反比例・どちらでもない」を判断できるよう練習しておく。授業では，教える場面で，問題状況から表を経由して式をつくり，「比例・反比例・どちらでもない」を判断し，根拠も説明できるように指導する。理解確認では，教科書の類題を解く。決まった数を見つけ出せているか，表から式を導き出せているかを見取る。理解深化課題は表が付いていない問題で，そこから表を経由せずに式化することにチャレンジする。

③ 本時の目標と授業案

> **目標** ●ともなって変わる2つの量の関係を調べ，表やグラフから変化の仕方や規則性（決まった数）を見つけ，式化することができ，「比例・反比例・どちらでもない」を判断できる。

> **予習** ・教科書の「力だめし」を読み，わかるところは教科書に書き込みもする。
> （学校図書『みんなと学ぶ小学校算数　6年』平成27年度版, p.165）

● 教師の説明 ▶▶▶ 12分

●比例や反比例における決まった数を見つけ，式化する方法を説明する。

①1mあたり24円のリボンを買ったときの，リボンの長さx（m）と代金y（円）の関係（比例）

「表を横に見ていくと，xが2倍，3倍……となると，yも2倍，3倍……となっています。そして表を縦に見ると決まった数が見つかります。決まった数は，表がなくても$y \div x$（商）で求めることができます。$y =$（決まった数）$\times x$です。これが比例です」

②24mのテープを何本か同じ長さに分けたときの，分けた本数x（本）と1本のテープの長さy（m）の関係（反比例）

「表を横に見ていくと，xが2倍，3倍……となると，yは2分の1倍，3分の1倍……となっています。そして表を縦に見ると決まった数が見つかります。決まった数は，表がなくても$x \times y$（積）で求めることができます。$y =$（決まった数）$\div x$です。これが，反比例です」

●規則性はあっても「比例・反比例のどちらでもない」場合の説明の仕方を教える。

③4歳の弟の年れいx（歳）と24歳のお兄さんの年れいy（歳）の関係

「表を横に見ていくと，xとyは決まった数ずつ増えていきます。しかし，xが2倍，3倍……となるとき，yは2倍，3倍……になりません。式も$y = x + \square$となり，比例とも反比例ともいえません」

● 理解確認 ▶▶▶ 13分

●教科書問題を活用した類題を解く（教科書 p.165）。

・表の空欄部分を埋めて，表を完成させる。そこから決まった数を求める。決まった

数を求めることができたら式化し，「比例・反比例・どちらでもない」を判断する。
- スタートから3分間は自力解決とするが，わからない場合はペアや前後の席の児童同士で相談するように声かけする。
- 3分経過後，問題を解き終えた児童同士はグループ内での発表活動の時間とする。まだ解き終えていない児童やわからない児童は，グループの児童から説明してもらうことを促す。
- 一斉に解答を確認する。

● 理解深化 ▶▶▶ 17分

●文章のみ（表なし）の問題から「比例・反比例・どちらでもない」を判断する。
　①正八角形1辺の長さ x（cm）と周りの長さ y（cm）の関係：比例
　②正方形の1辺を x（cm）としたときの面積 y（cm^2）の関係：どちらでもない
　③周りの長さが36cmの長方形のたて x（cm）と横 y（cm）の関係：どちらでもない
　④面積36cm^{2}の三角形の底辺 x（cm）と高さ y（cm）の関係：反比例
- これまで学習してきたことを活用し，どのようにして判断したかを説明する（表・グラフ・式のうちどれを使ってもよいとする）。
- グループごとに答える問題番号を割り振る（1・2グループは①を解答する，3・4グループは②を解答するなど）。
- グループで相談して，答えをホワイトボードにまとめる。
- いくつかのグループに発表してもらう。

グループ代表による発表

● 自己評価 ▶▶▶ 3分

●本時の振り返りを書く。
- 「自分なりのまとめ」「今日の授業で大事なこと」「わからなかったところ」「まちがえたところ」「友達の～な説明で理解できた」など，自分の言葉で具体的に本時について振り返りを書く。

④ 授業の実際

　教師の説明の場面で，比例，反比例の定義は容易に児童から出ていたが，決まった数（比例定数）を見つけることができず，そこに本時の指導の課題があった。そこで，表を縦に見て，xとyの関係から決まった数を求める方法や，問題文の中に表されている数から式化する方法を説明した。

　また，実は「比例・反比例」は特殊な例であり，むしろ「どちらでもない」場合のほうが多いことに気づいていない児童も多かった。すべてのともなって変わる2量が比例か反比例と思っており，それが「どちらでもない」を判断できない理由の1つだとも考えられた。「表・グラフ・式」のどれからも，「比例・反比例・どちらでもない」を判断することはできるが，「はやく　かんたん　せいかく」なのは「式化」であることを，児童の発表の中から拾い上げ，意識化させていった。

　理解確認では，表やグラフを活用してもよいが，決まった数を求め式化することを必須条件とした。比例や反比例はすぐ式化できても，「どちらでもない」場合の式化で，決まった数がわからなかったり，和の関係なのか差の関係なのかを判断しかねたりしている児童が見受けられた。また，ペア両方が困っているところもあったため，早めにグループでの活動へ移行したところ，ほとんどの児童が解決に至ることができた。

　理解深化では，当初は全員が4問すべてを考える予定であったが，理解確認までに時間がかかり，グループごとに問題を指定した。理解深化問題は文章のみであるため，「比例・反比例・どちらでもない」の判断材料（表・グラフ・式）はグループで決めることとした。児童の様子をみると，理解深化問題の①と④は容易に解けていた。しかし②と③は，類似した事象のため戸惑いがみられた。特に②は面積であるため，直感で「比例」と判断した児童へ，グループのメンバーがフリーハンドで表を書いて説明する様子がみられた。そのグループは最終的に正方形の面積を式化すると，「$y = x \times x$」の形になり，比例の定義が当てはまらないため「どちらでもない」と判断していた。

　式化だけで判断し説明していたのは1グループのみであった。ただし，残りのグループも，先に式を求めてから表やグラフで補って説明していた。これまでの17時間，表をもとに考えてきたが，本時で式化して判断するように指導したことの現れだろう。抽象化し，式に表していくよさを実感した児童の「表やグラフは，数を多く出さなければならないが，式は決まった数がわかれば判断できる」という発言を用いて，式化していくことのよさをまとめた。また，今後，中学校での関数の学習に発展することを補足した。

比例・反比例・どちらでもないを判断しよう！

( ) 年 ( ) 組　名前 ( )

●教えること

下の表の2つの量は，どのように変化していきますか。表のあいている欄に数を書き入れて，表を完成させましょう。また，2つの量が比例するものは○，反比例するものは△，どちらでもないものは×を，〔 〕の中に書き入れましょう。

① 1mあたり24円のリボンを買ったときのリボンの長さx（m）と代金y（円）の関係

リボンの長さx（m）	1	2	3	4		
代金y（円）	24					

式　　　　　　　　　　　【説明】　　　　　　　　　〔　〕

② 24mのテープを何本か同じ長さに分けたときの，分けた本数x（本）と1本のテープの長さy（m）の関係

本数x（本）	1	2	3	4	5
テープの長さy（m）	24				

式　　　　　　　　　　　【説明】　　　　　　　　　〔　〕

③ 4歳の弟の年れいx（歳）と24歳のお兄さんの年れいy（歳）の関係

弟の年れいx（歳）	4	5	6
兄の年れいy（歳）	24	25	

式　　　　　　　　　　　【説明】　　　　　　　　　〔　〕

●たしかめ問題

次の表の2つの量は，どのように変化していきますか。表のあいている欄に数を書き入れて，表を完成させましょう。また，2つの量が比例するものは○，反比例するものは△，どちらでもないものは×を，〔 〕の中に書き入れましょう。

① 1mあたり150円のリボンの代金y（円）と長さx（m）の関係

リボンの長さx（m）	1	2	3			
代金y（円）	150	300				

式　　　　　　　　　　　【説明】　　　　　　　　　〔　〕

2 東京から静岡まで160kmであるとき，時速x（km）とかかる時間y（時間）との関係

時速x（km）	1	2	3	4	5	
時間y（時間）	160	80				

[　　]

式　　　　　　　　　　　　　【説明】

3 120個のおはじきを姉と妹で分けるときの姉が取る個数x（個）と妹が取る個数y（個）の関係

姉が取る個数x（個）	1	2	3			
妹が取る個数y（個）	119	118				

[　　]

式　　　　　　　　　　　　　【説明】

● スペシャル問題（理解深化）

次の①～④は，yがxに比例しますか，反比例しますか，それともどちらでもないといえますか。それぞれ答え，なぜ比例なのか，反比例なのか，どちらでもないのかを説明しましょう。

①正八角形1辺の長さx（cm）と周りの長さy（cm）の関係
②正方形の1辺をx（cm）としたときの面積y（cm^2）の関係
③周りの長さが36cmの長方形のたてx（cm）と横y（cm）の関係
④面積36cm^{2}の三角形の底辺x（cm）と高さy（cm）の関係

解答番号 [　　] 番

（　）番は，（　　　　　）といえます。なぜなら，

§5 国語／3年［国語辞典の使い方］

見出し語の順序を理解する

●小諸市立美南ガ丘小学校　木内真子

① 学習内容と困難度査定

　国語辞典の使い方を学習するには，まず辞典用語を学習し，辞典の仕組み（見出し語の配列の仕方）を理解することが必要不可欠である。そのため，教えて考えさせる授業の授業スタイルが本学習には適当であると考えた。

　本時は，国語辞典の使い方の学習の第2時である。教科書では，「はしら」「つめ」「見出し語」などの辞典用語や，見出し語の並び方，「清音」「濁音」「半濁音」という文字の種類の学習，平仮名・片仮名の優先順位などを含めた辞典のひき方の学習，実際にひいてみるという活動を2時間で行うように設定されている。しかし，子どもの実態から考えると，辞典用語や，文字の種類を理解することだけとっても，初めて聞く学習で混乱するだろう。その上，平仮名と片仮名の並びのきまり，形を変えて使われている言葉の見出し語の見分け方などの沢山の情報を理解し，実際にひくという活動を2時間で行うのはとても困難だと考え，4時間扱いとした。

　本時は，見出し語の平仮名・片仮名・清音・濁音・半濁音がどういう優先順位で並んでいるのかを理解する学習である。平仮名と片仮名は，平仮名が優先される。平仮名の中でも，清音→濁音→半濁音の順で並んでいるということは頭では理解できても，平仮名が片仮名より優先されるのは，あくまでも「あいす（愛す）」「アイス」など同じ見出し語の時に当てはまることで，「あいず（合図）」と「アイス」ならば「アイス」の方が先になるという理解まで至るには，混乱も生じるだろう。また，片仮名の「ー」で表記される言葉は，平仮名の「あいうえお」に置きかえて考えなくてはいけないということも情報として入ると，さらに並び順を見分けることが困難になるだろうと予想した。

② 本時の展開と指導上の工夫

　予習の前に，前時の学習（国語辞典の用語や，見出し語の並びが50音順であること）をフラッシュカードで振り返った。50音順がわからなくなった時は，教科書のp.134を

見るとわかることも確認した（前時にすぐ開けるよう，ページに付箋を貼って目印にした）。

また，情報量が多いため，説明に時間がかかること，子どもの理解が曖昧になることを避けるため，フラッシュカードを貼ることで視覚に訴え焦点化するようにした。特に，片仮名の「ー」で表示する文字の平仮名表示については，そこだけがわかるよう，フラッシュカードのその部分だけを貼りかえた。

さらに，3年生の別の学級で同じように授業を展開した時，活動量が多く，一つ一つの活動が忙しくなってしまった反省を生かし，その時は理解確認課題であった課題を，本時は理解深化課題として設定した。

③ 本時の目標と授業案

目標 ● 国語辞典には，平仮名・片仮名・清音・濁音・半濁音がどういう優先順位で並んでいるかがわかる。

予習
・教科書の該当部分を個々で2回読み，読みのわからない漢字・意味のわからない言葉や文章に線をつける。
（光村図書『国語三上　わかば』平成27年度版，p.26下段）
・全員で1回読み，読みのわからなかった漢字の読みを確認させる。
・まだ解決しない意味のわからない言葉や文章を発表させる。

● 教師の説明 ▶▶▶ 10分

● 清音・濁音・半濁音という文字の区別と，辞典に出てくる順序
　・清音・濁音・半濁音という文字の種類についてフラッシュカードを出して説明する。
　・濁音は清音の後，半濁音は濁音の後に載っていることを説明する。
● 伸ばす音（拗音）について
　・片仮名の表記で「シール」「プール」のような伸ばす音がある言葉は「しいる」「ぷうる」のように平仮名の「あ・い・う・え・お」に置きかえて載せてあることを説明する。
● 片仮名の載っている順序について
　・片仮名は，平仮名の後に載っていることを説明する。

● **理解確認** ▶▶▶ 15分

●辞典をひいて辞典に出てくる順序を確認しよう

・「ホール」「ボール」「ポール」の順で辞典に出ていることを確認する。

・「暮らす」と「クラス」はどちらが先か確認する。

　※スムーズに見つけられない子もいるので，グループで教え合って探すようにする。

● **理解深化** ▶▶▶ 15分

●「シール」と「汁」はどちらが先に出てくるだろう？

・どちらが先に出ているか予想を立て，根拠を書く。

・グループで話し合う。

・実際に辞典で確認する。

・グループで考えたことを発表する。

● **自己評価** ▶▶▶ 5分

●本時の振り返りを書く。

・今日の学習を振り返って，「初めて知ったこと」「詳しくわかったこと」「さらに知りたいこと」を学習カードに丁寧に書き，何人か発表する。

④ 授業の実際

　予習の場面では，わからない言葉として，清音・濁音・半濁音などの言葉が上がってきていた。解決のためには，まず清音の表（50音表）を提示し，さらに濁音・半濁音がはっきり理解できるように，濁音・半濁音がすべて表示された表を提示すると，子どもの理解は確実だっただろう。半濁音の説明をした時，「半濁音って，『ぱぴぷぺぽ』だけだね」と言う子がいた。このように感覚的にすぐ理解できる子もいるが，表を提示し，視覚的にわかるようにすることで，すぐにイメージできずにいる子にも理解が進んだと思われる。本時は，表を提示するのではなく，教師の言葉での説明になってしまったため，理解に余計に時間を要したと考えられる。

　理解確認の場面で，実際に辞典をひいて確認する活動を入れたが，辞典をひくことになれていない段階であったので，とても時間がかかってしまった。原因は，うまく辞典

を使えない不安から，教師に助けを求める子が多かったこと，理解を確実にしようとする教師の思いも重なり一人一人に丁寧に対応したこと，持っている辞典が同じではなかったこと，の3点が考えられる。

この場面で，もっと時間を短縮し，その後の理解深化に時間を割けるようにするため，以下の3点の改善法を考えてみた。

①子ども同士の教え合いを活用

この場面をグループ活動で行ない，先に辞典で確認できた子が，まだ見つけられずにいる友達に教えてあげるという方法をとれば，教師が一人一人回っている時間を短縮できたであろう。

②全員の辞典を同じ物にする

自分の辞典を使えるようになった方がよいわけだが，本時は辞典のひき方の基本を学ぶ時間であったので，図書館にある同一の辞典で学習したり，辞典の種類別のグループ分けをしたりするという方法も考えられる。

③実物投影機の利用

その言葉が載っているページを実物投影機で全員にわかるように写し，子どもの目にわかる形で提示する方法もある。

実際の授業では，理解確認の2番目に，「じゆう（自由）」と「じゅう（十）」はどちらが先か，という課題を入れていた。しかし，教師の説明の場面では拗音に関する説明はなく，つながりのない活動となっていた。これは，教科書の練習問題になっていたので安易に取り上げてしまったが，理解確認の課題の設定においては，子どもの学習の意識の流れを考慮したものになるよう，十分な吟味が必要となる。

理解深化の課題は，指導案段階でみていると，とても単純にみえるが，平仮名と片仮名の優先順位，清音と濁音の優先順位，片仮名の伸ばす音の平仮名への置きかえなど，本時の学習内容の様々なポイントが入っているよい課題であったと思われる。グループ活動を取り入れて行ったが，平仮名と片仮名ということだけで「汁」が先だと考えるグループがほとんどで，「シール」を「しいる」として考え「シール」が先だといったグループは7グループ中1グループしかなかった。そのため，実際に「汁」より「シール」が先に出てくることを学んだ子どもは，振り返りの場面で「シール」を「しいる」と置きかえることをしなかったことをピンポイントで取り上げており，深い理解につながったと考えられる。

国語辞典(じてん)の使い方

[　]年[　]組　名前[　　　　　　　　]

●今日の学習

国語辞典(じてん)にのっているいろいろな文字のならび方をおぼえて、
国語辞典(じてん)を使えるようになろう。

●知っておこう

① 辞典(じてん)の文字はひらがなの「あいうえお」じゅんにならんでいる。
② 清音(せいおん)→濁音(だくおん)→半濁音(はんだくおん)のじゅん番でならんでいる。
③ カタカナはひらがなの後に出てくる。
④ 「シール」「プール」のようなのばす音は、「しいる」「ぷうる」のように、「あ・い・う・え・お」におきかえられてならんでいる。

●たしかめよう

① 本当に「ホール→ボール→ポール」のじゅん番で辞典(じてん)にのっているか、辞典(じてん)をひらいてかくにんしよう。

② 次の言葉はどちらが先に出てくるだろうか。よそうして〇をつけたら辞典(じてん)で調べてみよう。
（ア）「じゆう（自由）」と「じゅう（十）」
（イ）「くらす」と「クラス」

● かんがえよう

「ツーン」と「ホ」どちらが先に出てくるだろう。予想してみよう。

よそうは（　　　　　）

じっさいにかくにんしたので、わけを書こう。

※辞書でことばを調べよう。

● わかったこと

はじめて知ったことなど。

くわしくわかったことなど。

もっと調べたいことなど。

§6 国語／4年［説明文の構造をつかむ］

筆者の「考え」と「その理由」を読み取る

●袋井市立高南小学校 大石和正

① 学習内容と困難度査定

　本単元は，教科書に載っている「大きな力を出す」（西嶋尚彦）と「動いて，考えて，また動く」（髙野進）の2つの教材から構成されている。どちらの教材も，筆者の主張（はじめ），その根拠（中），結論（おわり）という構造からなっている。「大きな力を出す」は2ページほどの短い教材である。一方，「動いて，考えて，また動く」は，もう少し長い。オリンピックにも出た経験のある陸上400m走選手の髙野進氏の文章であり，速く走るために自らが工夫して発見した3つの事柄が紹介されている。さらに，それぞれの発見ごとに，そうした工夫で速く走れたという経験や，なぜ速く走れることにつながるのかという理由が説明されている。最後には自分で考え，試し，また考えるということを繰り返すことの大切さが述べられている。

　単元を貫く言語活動は「興味をもった部分を引用し，それに対する自分の考えを述べること」であり，上述の2つの教材文を読み，考えたことを発表し合い，自分と友達の考えを比べることを通して，一人一人の感じ方の違いに気づく力を身につけていく。そのために，段落相互の関係をつかみ，筆者の主張の仕方を知ることが必要になってくる。その活動を通して，筆者の主張やその根拠などの内容理解を深め，自分の考えをもつための中心となる大事な事柄（興味をもった部分とその理由）をはっきりさせていく。最終的には，自分の意見をグループで発表し合う活動の中で，取り上げた部分や考えに至った理由に注目させることを通して，感じ方や考え方が違うことに気づかせていく。

　本時は，「大きな力を出す」の学習を生かし，「動いて，考えて，また動く」の文章の「はじめ，中，おわり」という右図のような構成をとらえた後の学習である。「中」にあたる第3～6段落目をより詳細に読んで

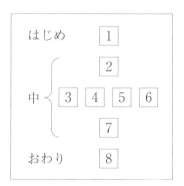

教材文の構造

いく。ここでは，速く走るための工夫として髙野氏自身が見つけた３つの工夫と，その理由が書かれている。それらは，これまでいわれてきたこととは違っていたり，これまでは強調されてこなかったりしたことが含まれている。具体的には，従来の陸上の練習では「ひざを高く上げて」「あしを思い切りうしろにける」ことが重視されてきたが，髙野氏は自分で試してみたり，考えてみたりする中で，必ずしもひざを高く上げる必要がないことや，必ずしもあしを思い切り後ろにけることそのものが大事なわけではないことに気づいたという。そのことを理由を示しながら述べている。また，うでのふりというこれまでは明示的に強調されてこなかったことについても，大事なこととして理由をあげながら説明している。本時のねらいとしては，なんらかの意見を述べる際には，単に「考え」を述べるだけでなく，「その理由」も盛り込む必要があることをつかませたい。

　しかし，本文の内容がなんとなくわかっている子どもであっても，説明文の構造を自分でとらえるのはむずかしいことである。具体的には，子どもたちは，本時で取り上げる「考え」と「その理由」に分けた説明のように，文章の構造を工夫してわかりやすく説明していることを意識するのはむずかしいと思われる。また，本文中では，筆者の「考え」を支える「理由」として，実際にやってみて成果が出たという経験や，なぜそのような原理で速く走ることができるのかという理屈などを紹介しているが，どのような内容が「理由」となりうるのかということもすぐに理解できる子どもは少ないだろう。

❷ 本時の展開と指導上の工夫

　「中」に記述されている３つの発見が，それぞれ「考え」と「その理由」という構成になっていることを意識化させるために，「考え」と「その理由」を１枚程度の用紙（以下，これをテレビ放送用の大型図解カードになぞらえて，フリップと呼ぶ）にまとめる。さらに，そのフリップだけを見ながら，筆者の主張を子ども自身で説明してみるという活動を取り入れる。子ども自身が説明することで，筆者の主張展開の工夫を意識化させていくことを目指した。

　具体的には，以下のような流れで指導を行った。まず，教師の説明では，わかりやすい文章は自分の「考え」と「その理由」がセットであることを教える。さらに，第３・４段落を使って「考え」と「その理由」がセットになっていることを一緒に読み，まとめを見本のフリップで示す。この際，理由としては，実際にやってみて成果が出たという経験や，なぜそれで速く走ることができるのかという理屈などが含まれることにも言

及する。理解深化では，第5・6段落それぞれに書かれている「考え」と「その理由」を子どもたちでフリップにまとめさせ，それらを子ども自身に説明させた。教材文に手がかりがあることに気づかせ，筆者の主張展開の工夫を理解させていきたいと考えた。

③ 本時の目標と授業案

目標 ●筆者が主張を展開している3つの発見をフリップにまとめ，それらを子ども自身が説明することを通して，わかりやすい文章は，「考え」と「その理由」で述べられているという文章構造を理解することができる。

予習 ・授業で第3～6段落を読む学習をすることを意識しながら，教科書「動いて，考えて，また動く」の本文を読んでくる。

（光村図書『国語四年上かがやき』平成27年度版，pp.42-47）

● 教師の説明 ▶▶▶ 15分

●わかりやすい文章とは何か

・わかりやすい文章とは，「考え」と「その理由」で成り立っていることを説明する。
・「考え」は，筆者が発見した速く走るためにするとよいこと，「その理由」は，「考え」に至った筆者の経験や出来事，わかったことと押さえる。

> **大切** わかりやすい文章は，「考え」と「その理由」で成り立つ。
> ・「考え」：筆者が発見した，速く走るためにするとよいこと
> ・「その理由」：その「考え」になるまでの，筆者の経験や出来事，
>   なぜ，そうすると速く走れるのかという理くつ

●普段の生活の中の事例でも確認

・学級での話し合い活動でも，自分の意見とそう考えた理由の型で話していることにも言及する。

●1つめの，試して発見したことを読み，フリップにまとめる。（教科書pp.43-44）

・第3・4段落に「考え」と「その理由」が，セットになっていることを押さえる。
・理由としては，実際にやってみて成果が出たという経験や，なぜそのような原理で速く走ることができるのかという理屈などが含まれることを押さえる。
・こうした構造がわかりやすくなるように，フリップにまとめる

○考え
・その理由①
・その理由②

フリップの書き方

（前頁下図）。

・できるだけ短い言葉でまとめるように促す。

考え	これまで，「ひざを高く上げること」が大切とされてきた。しかし，必ずしもひざを高く上げる必要はない。
その理由	①大きな動作をせずに走ったら，予想よりよい結果に。 ②ただ単にひざを高く上げることが大事なのではなく，地面を強くふむことがより大切。

1つめの発見をまとめたフリップ（第3・4段落）

● 理解確認 ▶▶▶ 5分

●ペアになり，筆者の1つめの発見とその理由について，フリップを見ながら自分でも説明してみる。

● 理解深化 ▶▶▶ 20分

●グループになり，2つめ・3つめの発見を読み，フリップにまとめる。

・第5段落に2つめ，第6段落に3つめの「考え」と「その理由」が書かれていることを押さえる。
・それぞれの段落で，「考え」（筆者が速く走るために発見したこと）は何かを読み取らせる。その上で，その「考え」に至った筆者の経験やわかったことを「その理由」として見つけさせる。
・グループで話し合い，四ッ切画用紙にフリップとしてまとめさせる。
・「考え」がわからない場合は，「発見したこと」や文末に着目させるなどの支援をする。
・「その理由」がわからない場合は，筆者の発見したことに立ち戻り，どんな経験やわかったことから，その「考え」に至ったかを考えさせる。

考え	これまで，「あしを思い切りける」が大切とされてきた。しかし，必ずしも思い切りける必要はない。
その理由	①思い切りけると，あしが後ろにのこってしまいがち。 ②体の下に足をしぜんに下ろしていく感じで走るとむだな動きがなく，すっと進んでいける。

第5段落のフリップ（教師が期待するモデル例）

考え	うでのふりは大切
その理由	①うでを後ろに組んで走ると、うまく走れない。 ②右あし→左うでと出すことでバランスがとれる。

第6段落のフリップ（教師が期待するモデル例）

● フリップにまとめた内容を説明してみる。
・フリップができたら、筆者になったつもりで、フリップを見せながら説明させる。
・いくつかのグループに、フリップにまとめた内容を発表させる。

● 自己評価 ▶▶▶　5分

● 今日の授業の振り返りを書く。
・「大切だと思ったこと」「わかったこと」「まだよくわからないこと」「グループで活動してみての感想」などを書く。

④ 授業の実際

　予習では、本読みとして教科書を読んでくることが毎日の宿題となっている。本時の予習では、第3～6段落を意識しながら読んでくるように求めた。

　教師の説明の場面では、＜大切＞として、わかりやすい文章の構造は「考え」と「その理由」と押さえた。身近な事例として、学級活動の話し合い活動でも「自分の意見」と「その理由」という形で伝えていることを押さえることで、わかりやすい文章の構造の型は納得したようである。

　なお、教科書の教材文の後に掲載されている手引きでは、「考え」と「その理由」ではなく、「事実」と「解説」という言葉が用いられている。この言葉を用いて行った事前の授業では、子どもたちがとらえきれていない様子がうかがわれた。そこで、筆者の3つの発見をとらえさせるために、「筆者の考え」と「その根拠」を読み取らせることを考えた。しかし、「根拠」という言葉は4年生児童にはむずかしいので、「その理由」とした。この「考え」と「その理由」をキーワードとして、筆者の発見したことをまとめていくことが今回のポイントであった。書かれている文章を書かれている順に読んでいくよりも、まとめるための視点を与えて読んでいく方が効果的である。実際、読みの視点が定まった今回のやり方の方が、まとめやすかったようである。

理解深化課題である，第5・6段落を読む活動では，＜大切＞や第3・4段落の例をもとに，グループで話し合った。筆者の発見したことから見つけていくことを強調したので，それぞれの段落の後半に注目する様子がみられた。むずかしいと感じた場合は，黒板の＜大切＞や第3・4段落の見本を確かめながら話し合っていた。しかし，第5段落での「あしを後ろにけるのではなく，体の下にしぜんに下ろしていく感じで走るとよいのです。忍者がぴたあっと下り坂をかけ下りていくようなイメージで走ると，体のむだな動きがなくなり，すうっと進んでいけます。」（p.45L8～p.46L1）や第6段落の「右あしを出したときに左うでを前にふる，左あしを出したときに右うでを前にふるようにすれば，体全体のバランスが取れて，うでの力も使って力強くふみつけることができるのです。」（p.46L7～p.46L9）では，子どもたちの中では，大切な主張は「おわり」にあるという意識が強く，「忍者が～」や「体全体の～」の部分に目が行き，安易に判断しがちであった。このため，発見したことは何かと繰り返し尋ねた。

　成果としては，「考え」と「その理由」という言葉で読むことで，3つの発見という大きな視点で読むことができた。そのため，わかりやすい文章は，考えや意見とその理由という構造で成り立つと実感を伴って理解できた児童が多かった。

　課題としては，第5・6段落を話し合ってまとめ，書くという活動に時間がかかってしまったことである。これは，どの文章が「考え」に至る「その理由」なのかをすぐには見分けられなかたことと，短い言葉でまとめて書き表すことに時間がかかってしまったことである。

　学習指導要領に書かれている「目的に応じて，中心となる語や文をとらえて段落相互の関係や事実と意見との関係を考えて読むこと」を満たす授業構想が立てられたと思う。

§7 国語／5年 [わかりやすく伝える]

推敲の力をつけるには

●倉敷市立大高小学校 渡邉貴司

① 学習内容と困難度査定

本単元は，書いた文章を推敲する際，相手に応じた言葉遣いを考えたり文の構成をわかりやすく工夫したりすることを通して，語感や言葉の使い方に対する感覚について関心をもつことをねらいとしている。全3時間で構成し，第1時は，相手に応じた語句や文末表現を扱う。第2時（本時）は，わかりやすい文の構成を扱う。第3時は，これまでに学習したことを活用して，自分の文章を推敲する。

日本語では，主語と述語が離れていたり，主語が省略されたりすることがよくあり，文のわかりにくさの原因となっている。また，重文や複文などの複雑な文の構成の場合には，意図が伝わりにくかったり主語と述語が正しく対応していなかったりしがちである。

特に児童は，文章を書く際に，時系列で続けて書こうとして一文が長くなる傾向がある。また，一文が長くなると重文や複文になりやすく，主語と述語の対応の誤りも同時に起こりがちである。しかし，児童は自分の書いた文章が相手にわかりやすく伝わるかどうかを，じっくり時間をかけて推敲することをあまりしようとしない。書くことに労力の大半を費やし，推敲にまで気持ちが入らないからだと思われる。

本時では，文の構成に着目し，相手によくわかるように伝える工夫について学習する。児童が，主語と述語の対応や一文の長さに気をつけて推敲し，どのように書きかえればわかりやすくなるかを理解し，説明できるようにしたい。

② 本時の展開と指導上の工夫

予習は，教科書を読み，学習内容の大体をつかむとともに，教師の用意した「本の紹介文」を自分なりに推敲してくることとする。

教師の説明では，教科書の例文を使い，「主語と述語の対応を確かめ，文の長さに気をつけること」が推敲のポイントであることを伝える。

理解確認は，ワークシートを使って文の構成の誤りやわかりにくいところを見つけ，どのように書き直せばよいかをペアで説明し合う。

理解深化は，600字程度の文章の推敲を行う。ある程度の分量のある文章を推敲することは時間もかかり，難易度も高い。しかし，実際の推敲はこのような場合がほとんどである。学習したことを活用する場面を位置づけることで，児童に推敲の力をつけたい。そこで，理解深化課題で扱う文章を予習であらかじめ読んでおくことで時間を短縮する。課題に取り組む際には，数分の自力解決の時間の後，どのように書き直せばよいかをグループで話し合い，全体で確認する。

自己評価では，「予習と比べて，授業でよくわかったこと」「わかりやすい文を書くために大切なこと」といった振り返りの視点を示す。また，振り返りの交流を通して，友達の気づきからも学んだり，学習の達成感を味わったりすることができるようにする。

単元を通して同じ文章を予習や理解深化で扱うことで，学習のたびに新たな気づきがあり，繰り返し推敲することの大切さを学べるようにしたい。

③ 本時の目標と授業案

目標 ●文や文章の構成についての理解を深め，主語・述語の対応や一文の長さに気をつけて推敲することができる。

予習 ・教科書の該当部分を読み，教師の用意した「本の紹介文」を自分なりに推敲する。

（光村図書『国語 五 銀河』平成27年度版，pp.172-175）

● 教師の説明 ▶▶▶ 15分

●主語と述語を対応させる。（教科書 p.174の文例）

> この物語の最もおもしろい場面は，貧しいねずみの親子がひとばんのうちに大金持ちになります。

・主語と述語を抜き出して対応を確かめる。「→」（矢印）で対応する主語と述語をつなぐ。
・主語か述語のどちらかを対応する言葉に書きかえる。

●一文が長い時は複数の文に分ける。（教科書 p.175の例文）

> 地球が丸いことを当時直接見た人はいなかったが，科学者たちはいろいろな観察から地球が丸いことを検証し，それが正しかったことは後に明らかとなった。

- 一文に主語と述語の組がいくつあるか確かめる。
- 文を分ける際，必要に応じて接続語や省略された主語をつけ加える。

●理解確認 ▶▶▶ 10分

●例文（p.76）を推敲し，どのように書き直すかをペアで話し合う。
- 主語と述語に線を引いて矢印でつなぎ，対応を確かめる。
- 文を分ける際，必要に応じて接続語や省略された主語をつけ加える。
- ペアで話し合う時は，例文のどこがどのようによくないかを確認し，書き直した文を説明する。

●理解深化 ▶▶▶ 15分

●「本の紹介文」（p.77）の推敲をする。
- 「主語と述語の対応」「一文の長さ」に気をつけて，予習と同じ「本の紹介文」を推敲する。
- 数分の自力解決の後，グループで相談しながら考える。
- 全体で推敲の内容を確認する。

●自己評価 ▶▶▶ 5分

●授業の振り返りを書く。
- 「予習と比べて，授業でよくわかったこと」「わかりやすい文を書くために大切なこと」を振り返る。
- 振り返りをグループで交流する。

④ 授業の実際

　教師の説明の場面で，主語と述語の対応を確かめる手立てとして，対応する主語と述語を矢印でつなぐ方法を紹介した。実際に，抜き出した主語と述語を声に出して読むことで，対応しているかどうかがはっきりとわかり，児童も納得できたようだった。また，一文が長い場合も，主語と述語の組を確かめながら複数の文に分け，声に出して読んでみると，「接続語があった方が読みやすい」といった気づきが児童からもでてきた。

　一方で，主語と述語に線を引く際に，わかりやすくしようとして色分けをしたこと

は、かえって作業の煩雑さを招き、多少の混乱につながってしまった。

理解確認の場面では、ワークシートを使って2つの課題文を提示した（次ページ）。ワークシートでは、主語と述語の対応を矢印で確かめる際に、矢印の線が交錯しないように、なるべく改行しないようにした。実際は、大体の児童が例文を正しく書き直すことができていた。しかし、主語と述語を正しく抜き出すことに時間がかかった児童は、時間内に正しく書き直すところまで取り組むことができなかった。自力解決ができなかった児童には、ペアでの話し合いで教えてもらったり、全体での確認の場面で正しい文に書き直したりするように指示した。

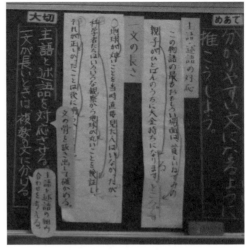

矢印を使った主語と述語の対応の確かめ方の説明

理解深化の場面では、600字程の分量がある「本の紹介文」を推敲する課題に取り組んだ。前時の理解深化課題でも同じ文章を扱い、予習でも読んできているため、文章の内容は理解できており、すぐに推敲の作業に入ることができた。それでも、推敲

ペア説明の様子

の作業は想定よりも時間がかかった。児童は推敲すべき場所に線を引き、部分的に書き直すことはできていたが、なぜその文を推敲したのかという、理由や根拠までワークシートに書き込む余裕はなかったため、グループでの話し合いで伝えるように助言した。

自己評価の場面では、グループで振り返りをしてからノートに書くようにした。「○○さんの直した文章はとてもわかりやすかったので、自分も参考にしたい」といった声もあり、グループ学習や振り返りの時間の大切さを実感した。

〈児童の振り返りから〉

- 長くなると，わかりにくいので短くしたり，「そして」や「だが」をつけたりするとわかりやすくなる。前書いた本のしょう介ももしかしたらわかりにくいところがあるかもしれないので，うまく短くしたい。
- 一文が長かったり，文の意味や言葉がわからなかったりすることがあるので，相手のために見直したりしたいです。
- 主語と述語が対応していなかったり，一文が長かったりすると，はじめて聞く人や読む人にはわかりにくいということがわかった。次に，何かを書くときは読み直して書きたいです。

次時の授業で，自分が書いた本の紹介文を推敲する学習をした際の児童の振り返りには，次のような記述がみられた。

- 自分の弱点がわかると，これからの文章で少しでもわかりやすくできると思います。
- 自分が見落としていたところ，これでいいかなと思うところも，友達がきっちり書き直してくれたのでよかったです。

◆たしかめ問題
わかりやすい文になるように推こうしましょう。
① 学芸会で心に残ったのは、演奏の最後にお客さんがたくさんの拍手をしてくれました。
② 昨日、ぼくは岡田君とゲームをして遊んで、岡田君が勝って、僕は泣くほどくやしかったけど、岡田君が「もう一回やろう。」と言ってくれたので、うれしかったです。

理解確認課題

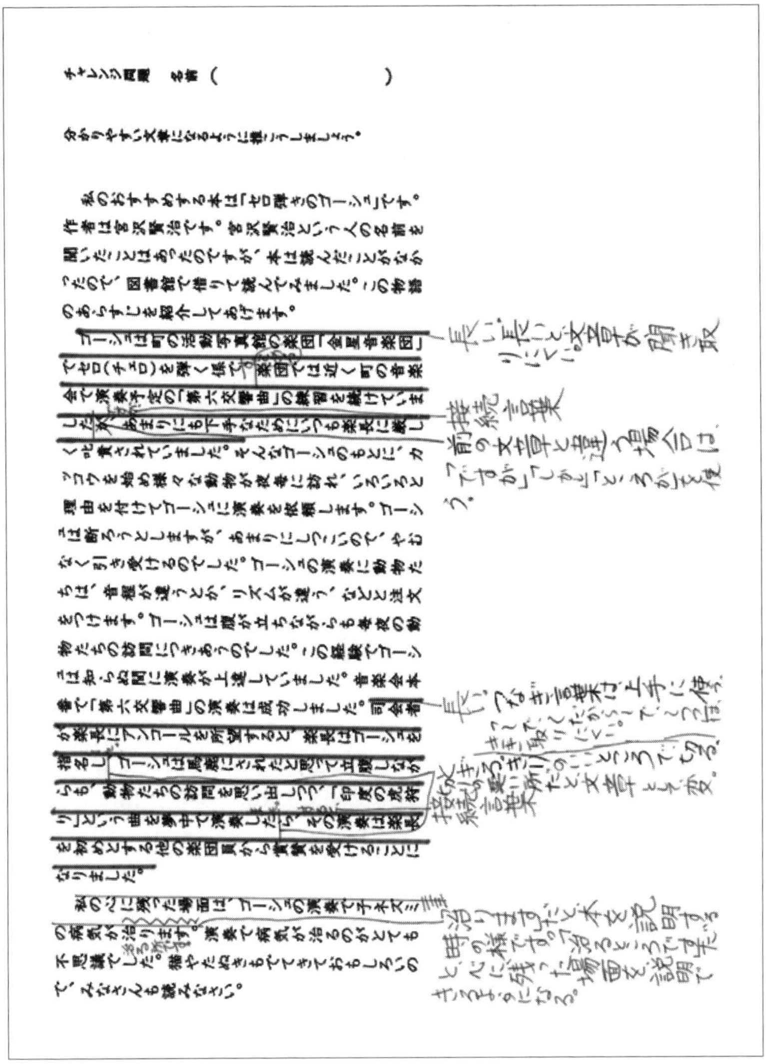

理解深化課題のワークシート「本の紹介文」（児童が推敲した例）

§8 国語／5年［物語文「わらぐつの中の神様」］

人物像を「価値観」という視点からとらえる

●貝塚市立東山小学校 高木ゆき　中村大輔　西原和隆　●東京大学 植阪友理

① 学習内容と困難度査定

　本作品は，「わらぐつなんてみったぐない」「（わらぐつに神様がいるなんて）そんなの迷信でしょ」と言っていたマサエが，相手を思って真心を込めることを大切にする大工さんやおみつさんの生き方に触れ，考え方を変えていくという心温まる物語である。

　今回の教材を通じて子どもにつかませたい点は，以下の3つである。1つ目は，構成が額縁構造（現在→過去→現在）になっている点である。第一場面（現在）でマサエは，おばあちゃんと対照的な考え方をもっているが，第二場面（過去）で，おみつさんや大工さんのものの見方や考え方に触れ，自分の価値観が揺さぶられていく。そして，第三場面（現在）でおみつさんはおばあちゃんであり，大工さんはおじいちゃんだったということがわかる。このことにより，現在と過去が結びつき，おばあちゃんの話が遠い昔話ではなく自分の生活の身近なこととしてマサエに驚きと感動をもってとらえられていく。

　2つ目は，表現技法である。本作品には擬音語，擬態語，比喩，色彩語などを用いた的確で豊かな表現がちりばめられている。登場人物の心の動きや通じ合いをとらえる上で，それらの言葉に立ち止まり，繰り返し読んだり，別の言葉で言い換えたりして，その言葉のもつ意味や響きをつかませ，情景や心情を豊かに想像して読ませていきたい。

　3つ目が，本時で取り上げる人物像である。文学作品には，人物像にその作品のメッセージが込められることが少なくない。不格好だが履く人の身になって丹精込めて編んだわらぐつを価値あるものとしてとらえる大工さんの真摯な生き方・考え方が，見かけのかっこよさを重視するマサエの考え方を揺さぶり，変化をもたらしていく。これこそが，大工さんの人物像がもたらす影響である。児童は，マサエに自分を重ね，共感しながら読み進めていくだろう。大工さんという作品の中で重視されている登場人物の誠実さや心の通い合い，ものの真の価値のとらえ方に触れることを通して，児童一人一人も，自分自身のものの見方や考え方，生き方を深く考えることのできる教材である。

　しかし，こうした人物像を十分にとらえ，自分の生き方を深く考えることにつなげるのは必ずしも容易なことではない。人物像とは何かは，大人でも説明がむずかしいもの

であり，子どもたちにとっても，作品で重視されている登場人物の人物像をつかみ，さらにその作品が伝えたいメッセージをつかむということは大変むずかしいことである。また，せっかく作品を読んでも，自分たちの生き方を見つめなおすことにはつながらないということも少なくない。一方，人物像を子ども自身で読み取ることができるようになった場合には，文学作品を深く理解する力へとつながる。そこで，本時では，人物像を子ども自身で読み取れる力についても育てることを目指す。

　今回の単元構成では，杉みき子さんの他の作品を並行読みさせており，最終的には杉みき子さんの他の作品の本の帯を作るという活動につなげていく。作品の中で大切にされている登場人物の人物像や，そこからうかがえるメッセージを読み取ることができるようになれば，こうした活動もよりスムーズに展開すると考えられた。

② 本時の展開と指導上の工夫

　文学作品を理解する上では大事なものでありながら，とらえにくい人物像をつかむ方法の１つとして，「価値観」に着目する。すなわち，大工さんの価値観（大事にしている考え方）や，話を聞く前後のマサエの価値観の変化をつかむことで，本作品全体が重視している考え方がはっきりとみえてくる。そして，作品全体のメッセージをつかむことにもつながる。重要な登場人物の価値観に着目することでメッセージがみえてくる作品ばかりではないが，児童自身がこうした視点をもっていることで，将来，同様の特徴をもつ作品にであった時に，こうした発想を使って作品をより深く味わえるようになる可能性がある。

　一方で，子どもたちにとって「価値観」とは一体何であるのか，それをどうやってつかむのかということはむずかしいと予測できた。そこで，教師の説明では，大工さんの価値観を例として，具体的に価値観を読み取る方法についても指導する。ここでは，発言や行動の上に価値観が位置づけられている図を使いながら，価値観と発言や行動の関係性について理解させることとした（p.81の図）。また，予習段階では，①大工さんが大事にしている考え方はどのようなものか，②そのように考えた理由は何か，を問うことによって，価値観という言葉が意味している中身について事前に考えさせ，授業につなげやすくする。

　さらに，理解深化課題では，とらえた価値観から自分のこととして引きつけて考えさせる。前述したように，そのことは子どもたちにとってむずかしいため，話を聞いた後のマサエの価値観になりきらせ，日常の出来事に対してどのように発言していくのかをロールプレイ形式で考えさせるようにする。

③ 本時の目標と授業案

目標 ●作品で大事にされている登場人物の価値観にそって考えてみると，作者が伝えたいメッセージが読み取れる作品があることや，自分の生き方を見直すきっかけになることを知る。また，価値観を読み取る方法を身につける。

予習 ・①大工さんが大事にしている考え方とはどのようなものか，②そのように考えた理由（本文中の発言や行動など）をメモしてくる。

● 教師の説明 ▶▶▶ 15分

> **大切**
> ・物語の中で大切にされている登場人物の「価値観」に着目すると，作者のメッセージがみえてくる作品もある。
> ・物語の登場人物の「価値観」を知るには，その人の行動や会話に注目するとよい。

●価値観とは何か
・「価値観」とは，「その人が大切にしている考え方」のことであり，様々な場面の発言や行動に影響を与えることを，教師の体験を交えながら，子どもたちと確認する。
・登場人物の価値観は，人の会話や行動に表れていることを押さえる。

●価値観を読み取るよさを伝える。
・物語の中で大切にされている登場人物の「価値観」に着目すると，作者のメッセージがみえてくる作品もあることを伝える。
・ただし，すべての作品において，重要な登場人物の「価値観」をとらえることが作品のメッセージにつながるわけではないことも押さえる。

●大工さんを例に，やりとりしながら価値観を読み取ってみる。
・本文から，大工さんが重視している考え方がわかる発言や行動を抜き出す。
・それらの発言や行動から，その背後にある価値観を一緒に読み取ってみる（右図）。
・図を使うことで，発言や行動と価値観の関係を，視覚的にわかりやすくする。
・価値観を考える際には，会話や行動をそのまま抜き出すのではなく，様々な場面に通用する表現にすること，1, 2行程度の短い言い方で表すとよいことを伝える。

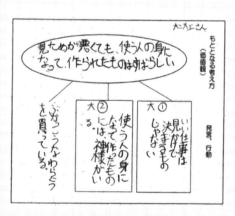

大工さんの価値観

・「神様」という表記が本文には出てくるが、その言葉は使わないで価値観を表現させる（神様という抽象的な表現を使わせないことで、より一般化した価値観を出させるため）。

● 理解確認 ▶▶▶ 10分

●昔話を聞いた後のマサエの価値観について、グループで考えさせる。

・〈大切〉を使って、マサエの価値観を考えさせる。
・大工さんの価値観を分析した時と同様の図を使いながら考えさせる（右図）。
・昔話を聞いた後のマサエの価値観について、全体で共有する。
・大工さんの言動や発言から読み取れる価値観（「使う人の身になって作られたものはすばらしい。それを作り出した人もすばらしい」）と、話を聞いた後のマサエの価値観（「真心がこもっているものは（雪げたのように、たとえその人が作ったものではなくても）すばらしい」）を比較させ、マサエが最終的に獲得した価値観が、より深まっていることを共有する。

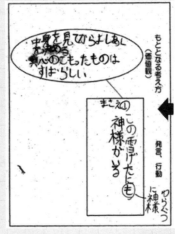

話を聞いた後のマサエの価値観

● 理解深化 ▶▶▶ 15分

●ペアごとに、以下のいずれかの課題を与え、ロールプレイをさせる。

・今のマサエが、次のそれぞれの人にコメントしてあげるとしたら、どのようなことを言うと思いますか。
　①入院中にお見舞いでもらったおりがみのプレゼントを
　　「こんなん簡単やん」と言っている友だち。
　②家族からプレゼントされた手あみのセーターに
　　「これかっこ悪いから嫌やねん」と言っている友だち。
　③教室のゴミ箱が倒れて中身が出た。それを素手で片付けている友だちに対して
　　「あいつの手、汚いな」と言っている友だち。
・マサエ役とその友だち役に分かれてペアで会話をつくってみる。
・教師が指人形とやりとりしている様子を見せながら、マサエ役の説得ですぐに納得して終わらせるのではなく、何度かやりとりを行うよう声をかける。

- 「神様」という言葉の利用は避けるように伝える。発表時に出てきたら，教師の方から質問し，具体的に語らせる。
- ロールプレイをお互いにやってもらった後に，何組かに発表してもらう。

● **自己評価** ▶▶▶ 5分

●授業の振り返りを書く。
- 今日の授業で大切だと思ったこと，まだわからないことを書く。
- 振り返りを発表し，交流する。

④ 授業の実際

　このテーマについては，第一著者が2016年2月，第四著者が2016年3月に授業実践を行っている。今回の指導案は，前者をもとにしているが，後者も踏まえて，一部修正を加えたものである。

　第一著者が行った授業の最後に児童の振り返りを共有した時には，「今回の授業でみかけで仕事をきめるだけじゃなくて，人の気持ちを思ったりした靴とか作ったものとかは，すごく素敵なものになるってことがわかりました」「私が前で劇をしたように，ああやって言うんじゃなくて，作った人の身になって考えることがすごく大切なことだと，今日，思いました」などの感想がみられた。これらから，作品の中で大事にされている価値観が，子どもたちに実感をもって受け止められた様子がみてとれた。一方で，「価値観」という言葉があまりみられなかった。そこで価値観を読み取る方法を指導したり，読み取ることの意味を伝えたりするなどの工夫を加えている。

　また，第一著者が行った実際の授業では，一つ一つの行動・会話から，それぞれ価値観を考えさせた。しかし，価値観は発言と一対一に対応するものではないため，その登場人物のいろんな行動・会話から共通する価値観をつかませるほうがよかったと考え，修正している。具体的には，価値観が様々な発言や行動の背景となって影響を与えているということがわかりやすいように，図を用いて指導する形に変更している。p.81の図は，第四著者の実践において子どもが書いたものである。この図に表現されているように，個人の発言や行動の背景に，ある種の共通した信念（因子）が存在するという考え方は心理学では一般的である。大人になれば，発言の裏にある話者の価値観にも着目しながら議論するということもあるだろう。価値観は，この授業だけで簡単に読み取れるようになるものではないが，こうした図を使いながら価値観を読み取る経験を子どもの頃から重ねることで，社会に出た後に求められる力の育成にもつながると考えられる。

　なお，検討会では，「その人が大切だと考えていること」といった表現にとどめず，

あえて「価値観」という言葉を使ったことに賛否がみられた。確かに「価値観」とはどのようなものなのか，どのようにすれば読み取れるのかについては子どもたちにとってむずかしい課題であったが，授業の冒頭に「価値観」という言葉を知っている人は，と聞いたところ，かなり多くの子どもたちが挙手した。つまり，言葉自体は多くの子どもにとってどこかで触れているものであった。なんとなく知っている抽象的な概念を具体的に知るとともに，それを把握するとどのようなよいことがあるのか（ここでは，作品のメッセージがみえてくる）ということだけでも，「価値観」を学習する意味があるのではないだろうか。

また，第一著者が行った授業の理解深化では，以下のようなやりとりがみられた（③の課題によるロールプレイ）。

例１）友だち役「あいつの手，汚いな」
　　　マサエ役「あの子が倒したんじゃないかもしれないのに……」
　　　友だち役「でも，素手でさわってるから汚いやん」
　　　マサエ役「みんなのためにやってくれているんだから，そんなこと言わずに手伝おうよ」

例２）友だち役「あいつの手，汚いな」
　　　マサエ役「なんでそんなこと言うねん？」
　　　友だち役「だって，素手でやってんやで」
　　　マサエ役「素手でやる，素手でやらないより，みんなのためにやろうとした気持ちがいいんやん」

実践校が大阪ということもあり，多くの児童がこの課題に楽しみながら参加していた。また，こうした理解深化を設定することによって，いつもは必ずしも参加できていない児童が，非常に積極的に参加することにつながった。この児童は理解確認まで十分にマサエの価値観を理解できていない様子であったが，理解深化の活動を通じて初めてマサエが受け入れた新しい価値観を実感した様子であった。学んだことを活用する時間を国語授業の中で保障することは，様々なレベルの児童に学習機会を保障することにもつながるだろう。

最後に，この物語で一番の重要人物は大工さんであると考える。それは，大工さんの価値観に触れることで，おみつさん（おばあちゃん）やマサエの価値観が大きく変容したからである。その物語を読むことによって，読み手側も大切なことに気づかせてくれる。そこが，この物語のすてきな部分である。しかし，子どもたちの自発的な気づきに委ねているだけでは，必ずしもそうした気づきに至れる子どもたちばかりではないだろう。そうした気づきに至るためには，積極的に教えるべきポイントは教えたり，課題をうまく設定して考えさせたりしていくことが不可欠であると考えている。

§9 理科／4年［もののあたたまり方］

水と金属のあたたまり方の違い

●小諸市立美南ガ丘小学校 油井玲子　楜澤貴子

① 学習内容と困難度査定

　本時は，水のあたたまり方について実験を通して確かめる。教科書では，水を入れたビーカーの底にみそを入れ，みその粒の動きを観察する実験が紹介されている。熱した部分のみその粒の動きを観察すると，あたためられた水は水面まで上向きに動き，それにつれて全体が回るように移動して，全体があたたまっていく様子がわかる。

　「もののあたたまり方」の単元では，金属・水・空気それぞれのあたたまり方を調べ，あたたまり方は物によって違うことを，実験を通して学習する。

　本時までの実験により，子どもは水と金属とではあたたまり方が違うことや，あたためられた水は上向きに移動することを学習するが，これらはあくまでも教科書で示された用具を教科書と同じように用いた場合に限定された，一面的な理解であることは否めない。中でも「全体が回るように移動して全体があたたまっていく」様子のとらえがむずかしい。全体が回ることで全体があたたまるという，回ることとあたたまることとのつながりを推測しきれない児童が多く，対流することで全体があたたまると考えるのではなく，熱が伝わっていくと考えがちである。

② 本時の展開と指導上の工夫

　本時は「あたためられた部分の水は上向きに移動すること」「全体が回るように移動して全体があたたまっていくこと」を，実感を伴って理解できるよう，教科書に示されたみそを使った実験を，理解確認に位置づける。その上で理解深化として，教科書にはない二股試験管を使った実験を取り入れる。2つの実験を扱うため，2時間扱いとする。

　また，水のあたたまり方を学習する場面で二股試験管を使うことを事前に想定し，前時の金属板を熱する実験の際，二股試験管と同じY字の形状の銅板を用いる。二股に分かれた銅板の一方のみを熱した結果，その熱が隅々まで伝わっていった様子を教室に掲示しておき，二股試験管の実験結果と比較することで，金属と水とのあたたまり方の違

いを際立たせる。

理解深化で扱う二股試験管を使った実験では温度変色インクを用いて，水があたたまる様子が視覚的にわかるようにする。試験管のどの部分があたたまるのか，またどのようにあたたまるのか，既習事項と実験観察の結果を結びつけて考えさせることで，水のあたたまり方についての理解を深めたい。

③ 本時の目標と授業案

目標 ●金属は熱したところから順にあたたまっていくのに対し，水は熱せられた部分が上向きに動き，回るように移動して全体があたたまっていくことを実験によって確かめ，金属と水とではあたたまり方が違うことをとらえる。

予習 ・教科書の該当部分を読み，説明がよくわからないところに線を引いてくる。
（信州教育出版社『楽しい理科』平成27年度版, pp.137-138）

● 教師の説明 ▶▶▶ 10分

●あたためられた水の動き

・前時の試験管を熱した実験結果を解説し説明する。

「あたためられた部分の水は上向きに動き，それにつれて全体が回るように移動して，全体があたたまります」

「『ものの温度と体積』の単元で学習したとおり，水はあたためられると体積が増えます。あたためられた部分の水が上向きに動くのは，あたたまった水が軽くなるからです」

●金属のあたたまり方との比較

・金属は熱したところから順に熱が伝わり全体があたたまっていく。

「金ぞくと水とでは，あたたまり方がちがいます」

● 理解確認 ▶▶▶ 35分

●実験Ⅰ：水があたたまる様子を観察する。（教科書 p.137の実験）

・水を入れたビーカーの底にみそを入れ，ビーカーの底を熱した時のみその粒の動く様子を観察する。

・実験結果を学級全体で確認し，学習カードにまとめる。

・水のあたたまり方と，金属のあたたまり方との違いをペアで説明し合う。

● **理解深化** ▶▶▶ 40分

●実験Ⅱ：二股試験管に水を入れて片方だけを熱した時の水のあたたまり方を観察する。
・温度変色インクで色を付けておき，色の変化から水のあたたまり方を観察する。
・今までの学習から結果を予想し，根拠を明らかにしながら予想を発表し合う。
・班ごとに実験し，熱している方だけがあたたまり，熱していないもう一方はあたたまらない様子を観察する。
・なぜ熱していないもう一方があたたまらないのか，試験管の中であたたまった水がどう動いたのか，実験結果を全体で確認する。

● **自己評価** ▶▶▶ 5分

●授業の振り返りを書く。
・「今日の学習でわかったこと」「まだよくわからないこと」「さらに考えてみたいこと」を書く。

④ 授業の実際

　この授業をはじめて行ったのは，2014年であるが，その時の様子から多少の修正を加えたのが，今回の指導案である。

　はじめに行った時，理解確認での，みそを使って水があたたまる様子を観察する実験では，あたためられた水が上向きに移動することは理解できても，あたためられていない水が下方へ移動して全体が回ることの認識がやはり不十分であった。その結果，実際に観察したビーカー内の対流の様子を，下方の冷たい水へ「熱が伝わっていく」ととらえた児童が多く，金属との明らかな違いを実感することがむずかしかった。

　これにより，理解深化の二股試験管の実験では，大半の児童が「あたためられた水は上方へ移動し，水面から徐々にあたたまり，最終的には試験管内の水がすべてあたためられる」と予想した。しかし実際に実験してみると，二股試験管の一方のみをあたためた場合，あたためられた水は水面まで移動するが，熱している部分から水面までの水があたたまるだけで，熱していないもう一方の水はあたたまらない。事前にこの通りに予想できたのは，わずか2人だけであった。

　そこで，今回の指導案の教師の説明に，既習の「ものの温度と体積」での学習内容を

想起させる手立てを加えた。「ものの温度と体積」の単元では，空気や水はあたためることにより体積が大きくなることを学習する。中でも空気をあたためる実験については，体積が大きくなることにより軽くなることを実証するための，バルーンの実験が紹介されることが多い。水をあたためる実験では，あたためることで軽くなることについて教科書に詳しくふれられてはいないが，水も空気と同じようにあたためることで軽くなることを確かめる意味からも，ここで既習事項にふれたい。

理解深化の実験に臨む前に，水はあたたまると軽くなることが共通認識されていれば，子どもはこのことを根拠に実験結果を予測し，結果を論理的に考察することができるのではないかと期待される。実際に二股試験管の実験では，試験管内の中でもやはり上部から，青いインクがピンク色に染まっていく。二股試験管がどう染まるかをただ漠然と眺めてしまいがちなこの実験も，水はあたたまると軽くなることを知識としてもっておくことで，細くて狭い試験管内で起こる小さな変化にも気づけ，子どもの科学的な眼を養うことにつながる。

本時の学習により，水と金属とではあたたまり方が違うことを確かめられるが，なぜ違うのかという疑問をもつ子どももいるであろう。熱の伝わり方に伝導と対流があることについて，用語を学習するのはまだ先としても，水や空気はあたたまることにより軽くなり"動く"ことは実感としておさえておきたい。一方，金属もあたたかくなれば膨張して軽くなるが，固体であるため，"動く"ことはできないのである。

補足の実験を取り入れるのも有効であろう。薄い水槽を用意し，中央に間仕切りをする。仕切られた片方にはあたためた水（湯），もう一方には冷たい水を入れ，それぞれ温度変色インクで色を付けておく。しばらく時間が経っても半分ずつに区切られたままの色（温度）が違う水槽を目の当たりにすることで，子どもは，やはり水は金属に比べ熱を非常に伝えにくいことを確かめられる。しかし，中央の間仕切りを引き抜いたとたん，あたたかい水は一気に水槽の上方へ移動し，冷たい水がもぐりこむように下方へ移動する。水は"動く"ことであたたまっていくことが確かめられる実験である。

今回の授業のように，教科書にない新たな実験を取り入れるには様々な制約もある。しかし，単におもしろい現象だからというのでなく，子どもの理解を促進するために，単元の目標と子どもの実態を考慮しつつ，一つ一つの実験のねらいを明確にし，広い視野をもって授業を構想したい。

水と金ぞくのあたたまり方のちがい

〔　〕年〔　〕組　名前〔　　　　　　　　〕

●しっておこう

・あたためられた部分の水は上向きに動き，それにつれて全体が回るように移動して，全体があたたまります。
・水と金ぞくとでは，あたたまり方がちがいます。

●たしかめよう

【実験Ⅰ】

水はあたたまるとき，どんな動きをするのでしょうか。

水の中にみそを少し入れ，熱しながらみそのつぶの動きを観察しましょう。

観察のポイント！
みその動きを見るときは，"1つぶ"の動きを追いましょう。

＊実験で確かめられたことをまとめましょう＊

みそのつぶの動きからわかるように，熱せられた部分の水は，

●ふかめよう

【実験Ⅱ】

図のように，二またに分かれた試験管に水を入れて，かた方だけを熱したら，水はどのようにあたたまるでしょうか。

今までの実験結果をもとに予想し，図にやじるしと色（ピンク）を書き入れましょう。また，そのように予想した理由を書きましょう。

【予想】　　　　　　　　　【結果】

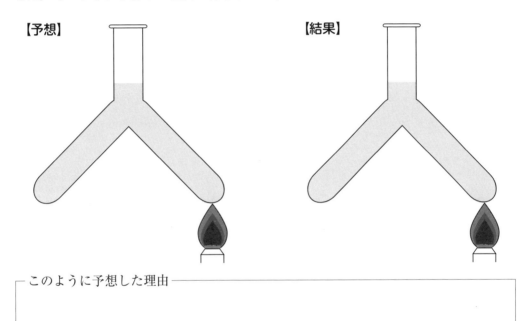

このように予想した理由

【まとめ】いままでの実験を思い返して，まとめましょう。

金ぞくと水は，あたたまり方がちがいます。どのようにちがうかというと，

●ふり返ろう

§10 理科／5年［流れる水のはたらき］

この川の防災対策は大丈夫？

●岡山市立第二藤田小学校 西本慎一郎

① 学習内容と困難度査定

　本時は，流れる水のはたらきについて調べる単元の後半部分の時間である。教科書の展開では，まず，校庭の水の流れと地面の様子から，流れる水のはたらきを知る。次に，実際の河川の様子から，流域の土地の様子に違いがあることを調べる。その後，土地の傾き，水の量を変えてモデル実験を行い，傾きが大きく，水の量が多い場合，浸食，運搬の作用が大きくなり，傾きが小さい場合，堆積の作用が強くなるということを学ぶ。

　この単元を学ぶ子どもの傾向としては，それぞれのモデル実験のなかで体験した流れる水のはたらきについては理解ができているが，それと実際の川や河原で起こっていることが結びついていない児童が多い。また，実際の土地の成り立ちでは，それぞれのはたらきが単独で起こるのではなく，同時に起こっているとは教科書に明示されておらず，誤解している児童も多い。それぞれの授業の中で，モデルと実際の身近な地形の成り立ちとを結びつけ，流れる水のはたらきが，大地をどのように変えるのかをとらえさせていきたい。

② 本時の展開と指導上の工夫

　予習は，前時に行った川の曲がりの観察の結果を，教科書を参考にしながら，自分なりにまとめておけばよいものとする。教師の説明では，"川の曲がりの内側と外側の様子"の違いを，流れる水のはたらきと関連づけて説明しておく。理解確認として，水を流し続けると川の曲がりはどうなるかを考え，隣同士で話し合う。理解深化としては，身近な川の写真を教材に，川の護岸工事が十分なものかどうかを考える活動を行う。曲がり角では，川の外側が浸食され，内側は堆積の作用が強い。このため，外側のみをコンクリートで固める護岸工事で十分であることを実際の川の例でつかませたい。

③ 本時の目標と授業案

> **目標** ●流れる水のはたらき（浸食・運搬・堆積）について，実際の川を題材として，実験結果と自然現象を関連づけて理解させる。また，水害の起こるメカニズムの理解を通じて，水害の危険予測について関心を高める。

> **予習** ・前時に行った川の曲がり角の観察の結果を，教科書を参考にしながら自分なりにまとめておく。

（東京書籍『新編　新しい理科5』平成27年度版, pp.80-81）

● 教師の説明 ▶▶▶ 10分

● 土の削られ方は？

- 浸食のはたらきの違いについて説明する。

   「曲がっている川の外側は，流れが速く地面を削るはたらきが強くなります。水の量が多い時は，そのはたらきはさらに強くなります」

● 運ばれる土の量は？

- 運搬，堆積の作用について説明する。

   「水の流れが多いほど，運ばれる土の量は多くなります。水の流れが少ないと，運ばれる土の量は少なくなります。また，曲がっている川の内側は流れが遅く，削る力も弱く，土がたまっていきます」

● 誤りやすい例

- 流れる水のはたらきは，大雨や洪水の時だけ起こるのではなく，普段の川でも起こっているということを説明する。

● 理解確認 ▶▶▶ 15分

● 曲がっている川は，これからどんなふうに形が変わるのか考えよう。

- 川の曲がりは，多くの水が流れ続けるとどのように変わるかを，観察の結果をもとに予想する。
- 個人で考える時間をとった後，隣同士で話し合い，自分の考えを説明させる。
- 自分の判断の根拠になった「流れる水のはたらき（浸食・運搬・堆積）」を入れながら説明するとよいことを伝える。
- お互いの考えがまとまったら，周りの人と自分たちの答えを確認し合う。

● **理解深化** ▶▶▶ 15分

●身近な川の防災対策について考える。

・身近な川（外側はコンクリートの護岸，内側は自然のままの曲がっている川）の写真を教材に，この川の護岸工事が十分なものかどうかを考える。
・グループで相談してもよい。考えが出にくい児童には，教師が支援に入る。
・いくつかのグループに，考え方を発表させる。

● **自己評価** ▶▶▶ 5分

●授業の振り返りを書く。

・「大切だと思ったこと」「新しく発見したこと」「まだよくわからないこと」「おもしろかったこと」「そのほかの感想」を書く。

④ 授業の実際

　この授業案は，2013年10月に行った授業実践をもとに一部修正を加え，2015年10月，再度ほかのクラスで実践を行ったものである。

　2013年の実践時点の教科書では，土地の傾きによる違いと水の量による違いを同時に調べるようになっていたが，条件統制のしやすさからか，2015年から使用している教科書は，別々に実験・観察することに代わっている。今回は，準備の面と，多くの班で同時に行うという面から，2つの実験・観察を同時に行った。実験の場面では，土が削られる方に目がいきがちな子どもも多かったため，運ばれている土や，たまっている土にも注目し，記録するよう促した。そのため，浸食や運搬，堆積が同時に起こっていることに気づく子どもも多かった。教師の説明の場面でも，川の曲がりの内側と外側の様子の違いを流れる水のはたらきと関連づけて説明した。そのことによって子どもは，自分たちの観察結果と結びつけてスムーズに理解することができ，理解確認の場面でも，観察結果と結びつけて説明することにつながった。実験・観察をする際，見るべき点をはっきりさせることも大切だと感じた。

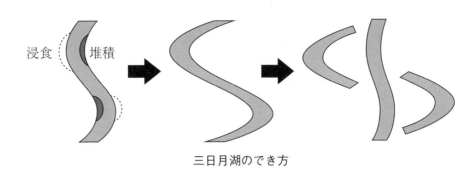

三日月湖のでき方

　2013年の実践の際には，理解深化課題として三日月湖の成因を説明させるものを与えた。浸食がさらに進み，蛇行が激しくなると三日月湖が形成される場合がある。流れる水のはたらきを説明させる最終段階として適当と考えた。しかし，残念ながら，本来の三日月湖の成因にたどり着く子どもはほとんどなかった。子どもは，学習した内容から「水が流れるかぎり，浸食が続き，蛇行する。水害を防ぐために，堤防を作る時に，曲がったままでは面倒くさいので川をまっすぐにした」と考えたものが多かった。本当の成因を伝えた際には，子どもからは，「ホー」という驚きの声が上がった。学習内容を，実際の自然に結びつけ理解を深めることを目標としていた取組ではあったが，子どもの中から正解が導き出せないのは問題があると感じていた。

　2015年の実践では，以前の取組の反省をもとに，この単元の終末にある防災教育と結びつけ，身近な川（外側はコンクリートの護岸，内側は自然のままの曲がっている川）の写真を教材に，川の護岸工事が十分なものかどうかを考えた。川の内側と外側の流れと，浸食作用を結びつけ，外側だけコンクリートで固める護岸工事で十分と考える子どもが多かった反面，全部をコンクリートで固めた方が安全とする子どもも少数いた。話し合いの中で，「確かにその方が安全かも…」と賛成する子どもも現れたが，「両方，コンクリートにすると，お金がかかる」「片方が自然のままの方が，環境や生き物にはいいのでは」という意見が出て「これで十分」ということに落ち着いた。自力解決や，環境問題への広がりなどを考えると，前の実践の理解深化課題よりこちらの方がよかったと考えられる。

　今後の課題としては，「子どもの現地での実地調査」があげられる。本校は，干拓地にできた学校のため，周りの水路は人工のものばかりである。そのため，流れる水のはたらきについて，実際に見たり，調査することはできなかった（今回の川の写真は，学区ではなく倉敷市の高梁川）。地域の調査を進め，地域を教材にすることにより，子どもの理解を深めることにつなげていきたい。

流れる水のはたらき

( )年( )組 名前( )

● 観察したことをまとめておこう

● 今日の大事!!

・曲がっている川の（　　）側は，流れも（　　　），地面を削るはたらきが（　　　）なります。水の量が多い時は，そのはたらきはさらに（　　　）なります。

・水の流れが（　　）ほど，運ばれる土の量は（　　　）なります。水の流れが少ないと，運ばれる土の量は（　　　）なります。また，曲がっている川の内側も流れが（　　），削る力も（　　　），土が（　　　）いきます。

● これからどうなるの？

説明

●この川の防災対策は十分？

コンクリートで固めてある

自然のまま

自分の考え ○安全だ！　○不十分！危険！

理由

わかったこと・わからなかったこと・もっと調べたいこと	先生から
	□5行書こう。 □理由を書こう。 □何を学んだの？ □次の課題は？ □ファイト!! □この調子で！ □よい自己評価です！ □すばらしい！
自己評価　✿　◎　○　△	

§11 理科／6年 [てこのはたらき]

支点，力点，作用点はどこにあるか

●須坂市立仁礼小学校　中井光一

① 学習内容と困難度査定

　てこには，小さな力を大きな力に変えるという特性がある。例えばそのままでは持ち上げられない重さのものでも，てこを使えば持ち上げられたり，手では抜けないくぎも，てこの特性を利用したくぎ抜きを使えば抜くことができたりする。

　本単元では，生活にみられるてこについて興味・関心をもって追究する活動を通して，てこの特性について推論する能力を育てるとともに，それらについての理解を図り，てこの特性についての見方や考え方をもつことができるようにすることをねらいとしている。

　単元展開（全11時間）は次のとおりであり，本時は単元の導入の時間にあたる。

次	主な学習活動
1次	○てこの定義や特性と，てこには3つの点（支点・力点・作用点）があることを知り，身の回りのどのような道具に利用されているか考える。
2次	○棒を使って，どうすれば重い砂袋を楽に持ち上げられるか調べる。 ○物体を小さな力で持ち上げるには，てこをどのように使えばよいか，支点の位置を変えて調べる。 ○物体を小さな力で持ち上げるには，てこをどのように使えばよいか，力点や作用点の位置を変えて調べる。
3次	○実験用てこが傾く様子は，おもりの重さや位置によってどう変わるか調べる。 ○てこがつりあう時にはどのようなきまりがあるか，調べたことをもとに，実験を工夫し，調べたことから数値のきまりを見つける。 ○てこの腕がつりあったり，傾いたりするときのきまりをまとめる。 ○ものの重さについて，上皿天秤の使い方を知る。
4次	○つりあいを利用した道具やおもちゃ（モビール）を作ってみる。

本時の学習にあたって児童がむずかしさを感じるであろう点として，以下の2点があげられる（困難度査定）。

①てこが使われている道具を見ても，その道具のどこにてこの特性が使われているのか，見当がつかない。

②てこが使われている道具の種類によって，支点，力点，作用点の位置や数に違いがあるので，それぞれの道具からてこの3つの点を見いだしにくい。

①については，長い棒とポリタンクを用いた演示用のてこを用意し，児童に事前に触れて遊ぶよう促す。そうすることで，てこについての生活経験の少なさを補う。

②については，力の大きさ，向き，始点を表すための矢印（➡）と，支点，力点，作用点を表すための色分けしたシール（○）を用意し，授業で取り扱う道具に貼っていく。こうすることで，そのままでは見えない力や支点，力点，作用点の位置を視覚化する。

② 本時の展開と指導上の工夫

本時では，てこの支点，力点，作用点の3つの要素の位置関係をみていく。教師の説明で用いる演示用のてこは，自分の力だけでは持ち上げにくいおもり（ポリタンク）を実際にてこを使って持ち上げる活動を通して，手応えを感じながら，それぞれの関係性が体感できるという利点がある。また，棒と土台からなるシンプルな構造のため，3点の位置がわかりやすい。

理解確認の場面では，形は違うが同じ構造のくぎ抜きを使って，てこの特性の利用の仕方と3点の位置の確認を行う。どの位置を持ち，力を加えるかによって，くぎの抜けやすさに違いがあり，次時以降の学習につなげていくことができる。理解深化の場面では，支点が端にくるなど3点の位置に違いがある道具を扱い，それぞれの3点の位置を考える。

③ 本時の目標と授業案

目標
- てこの特性と，てこには支点，力点，作用点の3つの点があることを知る。
- 身の回りのものにてこがどのように使われているかを考え，それぞれの道具における3つの点の位置関係を考えることができる。

予習 ・教科書の本時扱う部分を音読し，自分がわかりにくいところには印を付けるように指示をしておく。（信濃教育会編『楽しい理科6年』）

● 教師の説明 ▶▶▶ 8分

●てこの定義や特性と支点・力点・作用点について説明する。

・演示用のてこ（長い棒とポリタンクのてこ，右図）を用意し，児童に体験するよう促す。
・演示用てこを使い，てこの特性と支点，力点，作用点の定義を説明する。
・まとめを板書する（下図，枠内）。児童は学習カードに重要事項を記入していく。

演示用のてこ

【てことは】1点を支えにして，棒の一部に力を加え，力をはたらかせる仕組み。
【てこの特性】てこを使うことで力を大きくすることができる。
【てこの3点】てこには，棒を支える位置（支点）● と，
　　　　　　　力を加える位置（力点）● と
　　　　　　　加えた力がはたらく位置（作用点）● とがある。

・力の大きさ，向き，始点を表すための矢印（➡），支点，力点，作用点を表すための色画用紙（○）を演示用てこの長い棒に貼って，全体で確認する。

● 理解確認 ▶▶▶ 15分

●くぎ抜きを利用して，てこの特性と3点の位置を確認する。

・グループで，木の棒に打ち付けたくぎを手で抜けるか引っ張ってみて，簡単に抜けないことを確認したあと，くぎ抜きを使って実際にくぎを抜く。
・くぎ抜きに3点を表すシールを貼ったり（右図），学習カードを記入したりする。
・友達と説明しあったり全体で説明したりする中で，3点の位置を確認する。

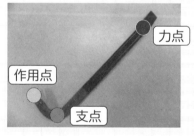

● 理解深化 ▶▶▶ 17分

●いろいろな道具でも，てこの3点の位置は同じなのか。
・グループで（第1種）はさみ，ペンチ，缶切り，（第2種）栓抜き，穴あけパンチ

における3点の位置にシールを貼ったり，学習カードに整理したりして，どこに3点があるのか，理由も合わせて考える。
・3点の位置がわからない児童には，実際に使ってみながら，シールを貼っていくように促す。
・友達と説明しあったり，全体に説明したりする中で，道具によって3点の位置に違いがあることを確認する。

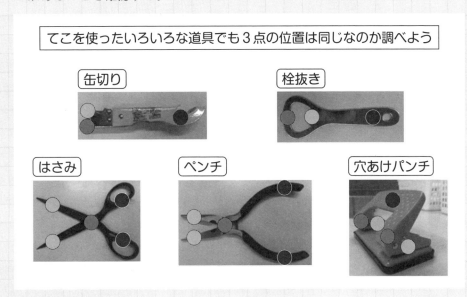

●自己評価 ▶▶▶ 5分

● 本時を振り返り，次時の課題を考える。
・調べていく中で，はっきりしたこと，はっきりしなかったこと，新たな疑問を整理する。
・はっきりしなかったことや，新たな疑問をもとに次時の追究課題をきめる。

④ 授業の実際

　理解確認の課題は，教師の説明に基づいて考えられるものであること，理解深化の課題は，教師の説明や理解確認で学習してきたことをもとに考えれば答えを導くことができるが，知識を組み合わせて考えるような応用力や自分が答えを導き出した手順を周りの友達に説明することを求めている。そのことで，「知る」ことから「理解する」ことへの学びの深まりを実感することができる。

本時の理解確認では，説明で用いた演示用てこ3点の位置関係が同じだが，形は少し異なる「くぎ抜き」を扱った。事前にてこのはたらきを体感したこともあり，また，実際に板に刺さったくぎをくぎ抜きで抜きながら考えたことで，形は変わっても3点の位置が同じであることを確認しながら追究する児童の姿がみられた。

　理解深化では日常生活に使われている道具の中から，てこのはたらきを利用したものを取り上げ追究を行った。道具は正しく使うことで，てこのはたらきをより生かして使うことができる。道具によって3点の位置を見つける難易度が違い，また，一人一人の生活経験の差がお互いの教えあいの誘因ともなり，班の友達同士での積極的な話し合いがみられた。

　しかし，本時に扱った道具の中で，栓抜きや缶切りは，教師が考えていたよりも子どもたちの生活経験が浅く，使い方そのものを考えるのに時間がかかっている場面があった。教師側から使い方について説明を行ってから問題解決に入ることで，さらに深めることができたように思う。これは，教材研究での困難度査定が甘かったためであるが，授業の中で修正できた部分でもあると考える。他の場面，教科でも授業の中で常に困難度査定を意識しながら経験を積んでいきたい。

〈児童の振り返りから〉
○今日の授業でわかったことや説明できること
・てこは力をあまりかけなくても，物を動かしたり，物を切ったりなど，小さな力で大きな力を出すことができる。
・支点，力点，作用点の3点を作り，てこの形にすると，弱い力でも強い力にすることができる。
・力点，支点，作用点の順番が道具によって違うことがわかった。3点とも道具や手と物が触れ合い，そこが点になっている。
○今日の授業でわからなかったことや新たな疑問
・てこを使うとなぜ力が大きくなるのか。
・道具によって3つの順番が変わるのはなぜだろう。
・てこは他にもどのような場所や道具に使われているのか。

てこのはたらき

年　　　組　名前

● 学習問題

● まとめ

○てことは…1点を（　　　　）にして，棒の一部に（　　　　　　），

　力を（　　　　　　　）しくみを「てこ」という。

○てこの特性（いいところ）…「てこ」を使うことで，力を（　　　　　）することが

　できる。

○てこの3点…「てこ」には棒を支える位置（　　　　）● と，

　　　　　　　力を加える位置（　　　　）● と，

　　　　　　　加えた力がはたらく位置（　　　　）● がある。

● てこを使った道具をもとに考えよう

○道具の名前（　　　　　　　　　　）
○てこを使い力を大きくすることで
　（　　　　　　　　　　　　　）道具
○この道具の3点を左の図に表すと…

● いろいろな道具でも3点の位置は同じなのか調べよう

名前〔　　　　　　　〕

名前〔　　　　　　　〕
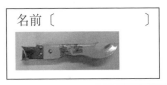

名前〔　　　　　　　〕

名前〔　　　　　　　〕

名前〔　　　　　　　〕

● 今日の授業でわかったことや説明できること

● わからなかったことや新たな疑問など

§12 社会／3年　[私たちのくらしとお店ではたらく人々]

身近な資料から「なぜ」を考える

●品川区立第二延山小学校　坂本　敦

① 学習内容と困難度査定

　本単元は、「販売」の仕事に関わる人々の工夫と努力を扱うことになっている。単元の導入後に、家の人の買い物に対する工夫や思いを把握させるために、「買い物調べアンケート」を実施した。そして、第2時ではその買い物調べアンケートの結果をもとに、家の人が買い物によく行く場所の理由について話し合い、値段の安さ、品揃え、商品の新鮮さ、サービス、お店の人との付き合いなどのいくつかの理由から、買い物をするお店を選んでいることを学習している。

　本時は、単元の第3時にあたり、児童が家庭の消費生活に関心をより深め、家の人が買い物に行く地元の商店街に着目させる学習内容である。児童は、まち探検などの活動を通じて、すでに自分たちの学校の周りの地域の様子を調べ、学校の東西南北それぞれに駅が囲むように立地していること、特に北側には今回取り上げる商店街があることをすでに学習している。また、本校が位置する品川区の西側は、住宅地が多く、いくつもの鉄道が交錯しているために、商店街の数が多いという地域的な特色を有していることもすでに学習を終えている。

　しかし、そうした事実的な知識にあたる点と点を線のように結びつけて、総合的に把握できている児童が少ないことが実態であるために、地図資料を与えただけでは本時のねらいは達成できないことが予想される。そこで、上記の学習体験を想起させるだけではなく、地図上の駅の回りに商店が集中している理由を考えさせることにつなげていくことが必要であると考えた。

　そのため、買い物調べアンケートの結果を集計した資料から、地図上の駅に着目させる。家の人がよく行くお店の場所として、スーパーマーケットを含め、家の近所にある商店が便利なことは理解できるだろうが、なぜ駅の近くの商店街で買い物をする人が多いかは自宅との距離だけでは説明できない。「駅の近くのお店だと仕事帰りに買い物をしやすい」という理由に気づかせたい。

② 本時の展開と指導上の工夫

　予習は，副読本を読み，前時でまとめた買い物の工夫について改めて確認しておくことを目的としている。教師の説明で，前時の買い物に行く理由を集計した表を説明し，「駅に近いから」という理由が延べ人数で上位にあることを押さえる。また，地図の見方やまち探検での学習内容を想起しながら，地図の全体的な把握を行う。その上で，理解確認では，家の人が買い物に行くお店の分布を表した地図から，わかることをまとめる。理解深化では，その分布の意味を考え，「駅に近いと仕事帰りに買い物に行ける」ということを結びつけてとらえ，そういった理由から駅前に商店街が形成されていることに気づかせたい。

③ 本時の目標と授業案

目標 ●家の人がよく行く買い物の場所について，駅に着目し，家の人が仕事帰りに駅の近くだと買い物しやすいという理由と結びつけて，駅前の商店街が多くなっていることが理解できる。

予習 ・副読本の「買い物をする人のねがい」を読み，自分たちが調べた買い物調べアンケートとの共通点を見つけ，線を引いてくる。
（品川区教育委員会『わたしたちの品川（3・4年生用）』平成27年度版，p.67）

● 教師の説明 ▶▶▶ 10分

●家の人が買い物に行く理由とは

・家の人が買い物に行く時に考えている理由について集計した表を説明する。どのような理由が多いのか，結果を確認する。

家の人が買い物に行く理由調べ

順位	理　　由	延べ人数
1	家から近いから	71
2	品揃えがいいから（品数が多いから）	46
3	値段が安いから	45

3	駅に近いから	45
5	商品がおいしいから	22
6	商品が新鮮だから(安心・安全だから)	18
7	いつでも買いに行けるから(24時間営業しているから)	13
8	お店が広いから	11
9	お店の人が親切だから(知り合いだから)	6
9	駐車場があって雨でも車で行けるから	6
その他(ポイントサービスがあるから,商品を運んでくれるから…など)		18

- ●地図の見方を確認する
  - ・学校周辺の地図(p.105資料。前時までに作成済)を示し,学校を中心として地図記号や東西南北の方位を確認する。
  - ・まち探検の学習を想起させて,学校周辺の東西南北それぞれの地域の特色を振り返りながら,地図を確認する。

● **理解確認** ▶▶▶ 15分

●地図からわかる事実をグループで確かめる。
- ・家の人が買い物によく行くお店が,地図上にどのように分布しているのかについて考える。
- ・グループ内で,お店の分布についてわかったことなどを交流する。

● **理解深化** ▶▶▶ 15分

●学校の北側にお店が集中している理由について考える。
- ・地図と表の資料をもとに自分の考えをもち,グループで相談する。
- ・いくつかのグループから,考えを発表してもらう。

● **自己評価** ▶▶▶ 5分

- ・本時の学習の理解度を自分自身で評価し,学習のまとめを自分の言葉で書く。さらに,「よくわからなかったこと」や「おもしろかったこと」「疑問が深まったこと」「調べてみたいこと」などを中心に書く。

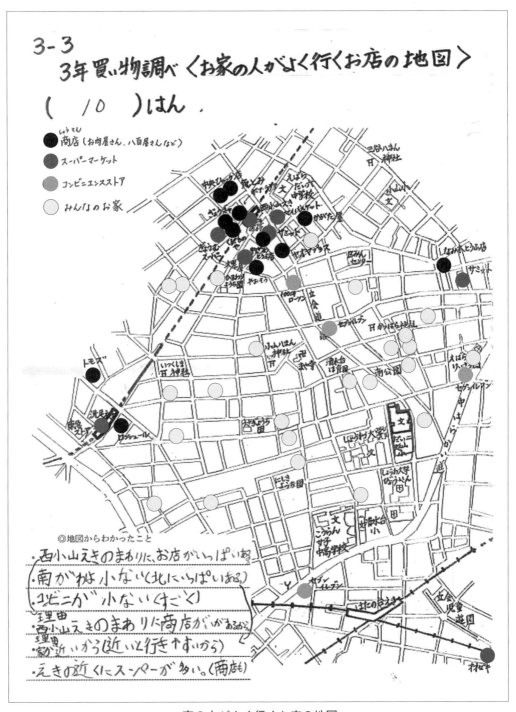

家の人がよく行くお店の地図

④ 授業の実際

　この授業案は，2015年9月に行った授業実践に基づいて，一部修正を加えたものである。当日の授業においては，理解深化課題の際に，表と地図は黒板上に提示されていたが，児童の資料として配布されていたのは地図のみであった。そのことが，地図資料だけを手掛かりに，「よく買い物に行く店が地図上の北側に多い理由」を考えようとする児童が多くなってしまった要因ともなった。

　後述するが，理解深化を児童の多くが自分たちで問題解決していけるようにするためには，まずは，表と地図を児童の資料として手元に見られる状況にあることが必要であった。今回の授業案には，その点を付記している。また，3年生の発達段階をさらに考えれば，自力で複数の資料を読み取って自分の考えを導き出すのは，むずかしいと思われる。理解深化問題への活動に取り組む前に，表と地図を関連づけることを再度意識するような発問を工夫すれば，本時の授業目標への到達もそれほどむずかしくはなかったであろうと考える。

　さて，まずは教師の説明の場面から振り返ってみる。家の人が買い物に行く理由を多い順にランキングにした表を示し，「どんな理由が上位に入っているだろう？」と話した。子どもは前時の学習からどんな理由があるかは理解しているため，大いに盛り上がりを見せた。「1位はきっと値段が安いからじゃない？」などの声も自然にあがった。

　ただし，今回の授業では，上位に入っている理由と家の人の思いを関連させながら，特に第3位に入っている「駅に近いから」という理由を，いかに児童に着目させるかがポイントだった。駅前商店街のお店に買い物へ行く機会が多いという事象と家の人の願いを結びつける大切な理由だからである。児童からは，「お母さんは，いつも仕事で遅いから駅前で買い物しているよ」という声があがってはいたものの，その他の理由へと子どもの興味や関心は流れてしまっていた。その結果，「駅に近いから」という理由の意味を焦点化しきれず，理解深化の際に，この表の理由に立ち戻って考えるグループが多くはなかった点が反省材料として残った。本時の目標を考えた場合，着目させたいところに絞るためには，第3位までの資料提示で十分かもしれない。

　次に，東西南北のまちの様子を想起させて理解確認をする場面においては，1学期に児童が作成した写真やイラストを入れたまち探検の地図を使用しながら振り返った。しかし，何枚もの地図を見ることになり情報が過多になってしまったことから，社会科を苦手とする児童には，その特徴をつかみながら話し合うことはむずかしさを伴うことに

なった。児童自身の地図を資料として使うことで，児童の「考えたい」という意欲を高めることをねらったが，もっとシンプルな方法で想起させた方が，理解確認場面や理解深化場面での話し合いには有効であったと思われるため，指導案では修正を加えた。

　最後に理解深化問題は，買い物へ行く商店が駅の周辺に集中していることを確認した上で，その理由を考える活動である。学習に入る前に，ここまでの表や資料を根拠にしながら理由を考えるように伝えたが，児童は「北側の駅には商店街があるから，家の買い物へ行くお店が多い」などの既習の知識を中心に話し合う姿が目立った。先述したとおり，表の資料が児童の手元になかったために，地図と表とで思考を往復させることが困難であった面や，そもそも児童の発達段階においていくつもの資料を処理しながら考えようとすることが困難な面もあったようだ。また，「駅前に商店街があり，お店が集まっている所に買い物へ行くのは当然」だと考える児童にとっては，地図上のお店の分布の意味については，それほど疑問が生まれなかったのかもしれない。

　しかしその一方で，表に着目して理由を考えたグループは，「仕事帰りなど，駅を利用した人が買い物に寄れるから，買い物へよく行くお店が集まっている」など，家の人のライフスタイルを踏まえながら考えることができた。当日は，話し合いが深まらない児童に改めて疑問をもたせるために，「何でみんなの家は学校の近くにあるのに，学校の近くではなく，駅の近くのお店に買い物へ行くのだろう？」と補助発問を行った。そのことにより，表の「駅に近いから」という家の人の思いと関連して分布されていることにようやく多くの児童が気づくことができた。こうした発問を活動の前に問いかけたり，2つの資料を使って考えることを明確に指示できたりすることで，3年生の段階においても複数の資料を使い，「なぜ」に対する考えを十分に深める話し合いができることを認識させられた。

　今回は，単元の中で学習問題を「つかむ」段階で本形式の授業を行ったが，他の段階でもこうした形式の授業が有効であるか，今後も検証していきたい。ただ1ついえるのは，どの段階においても何を説明し何を考えさせるかを考えておくことは必要だということである。そして3年生の社会科においては，自分が調べてきたアンケートや，自分の家とお店との分布がわかる地図など，自分自身にとって身近な資料を登場させることが，とても重要である。身近な資料から生まれた「なぜ」の理由や要因を考えることは，苦手な児童にとっても「なぜ」を追究したい，考えを話したいという意欲を高めることにつながることを，本授業の実践を通して学ぶことができた。

§13 社会／5年 [情報化した社会とわたしたちの生活]

なぜ総合病院は情報ネットワークを導入しているのか

●佐久市立岩村田小学校 櫻井 武

① 学習内容と困難度査定

　本時は，大単元「情報化した社会とわたしたちの生活」（16時間扱い）の中の小単元「社会を変える情報」（5時間扱い）の第2時である。本小単元は，医療現場における情報ネットワークの活用を学習することを通し，情報化の進展が国民の生活に多大な影響をおよぼしていることを理解することをねらいとしている。

　そして本時は，総合病院内での情報ネットワーク，主として電子カルテの活用における利便性を理解することをねらいとしている。次時以降は，情報ネットワークでつながる範囲が拡大し，総合病院とかかりつけ医院や診療所との繋がりの事例，さらには情報ネットワークを活用した遠隔医療の事例を通して，情報ネットワークが有効に活用され，自分たちの生活を守ったり便利にしたりしていることを理解する。

　本時は，総合病院を事例として，情報ネットワークについての理解を図ることをねらいとしているのだが，児童は，通常，地域のかかりつけ医院を受診することがほとんどであり，総合病院を受診する機会はあまりない。また，病院内でやりとりされている情報とはどのようなものであるかという知識はない。そのために，総合病院内でどのような情報がやりとりされているかを教師側から説明し，児童に理解させた上で，情報ネットワークをなぜ導入するのか，その利点は何なのかを気づかせたい。

② 本時の展開と指導上の工夫

　予習は，教科書を読んで，本時の学習内容，解説のある用語を大まかにつかむとともに，教科書にどのような資料があるのか確認してくればよいこととする。

　教師の説明で，電子カルテを導入している総合病院では，受付から診察，検査，会計までサーバを介して情報（受診歴や病歴，検査結果など）が共有されていることを，教科書にある資料「病院内の情報ネットワーク」（図参照）で説明しておく。理解確認として，ペア，グループで，受付から会計までの情報の流れを資料「病院内の情報ネット

[情報化した社会とわたしたちの生活] 5年／社会 §13

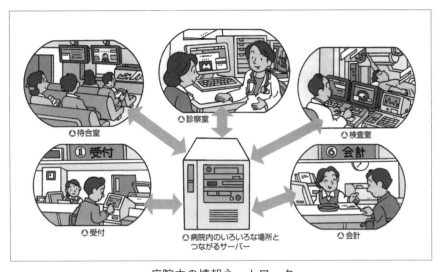

病院内の情報ネットワーク
(出典：東京書籍『新編 新しい社会5下』平成27年度版, p.78)

ワーク」を指差しながら説明し合う。理解深化としては，情報ネットワークの導入，保守にはコストがかかるとともに個人情報の管理や情報漏洩の可能性などの課題があるにもかかわらず，なぜ，総合病院では，電子カルテなどを導入し，病院内に情報ネットワークを構築するのかを教科書の資料から考え，個人情報管理などの課題以上に，情報の電子化，情報ネットワークの構築により，患者，総合病院双方によさがあることに気づかせたい。

③ 本時の目標と授業案

> **目標** ●総合病院などの医療機関では，どのような場面でどのような情報が情報ネットワークを通して活用されているのか理解する。また，情報ネットワークの課題を理解した上で，情報ネットワークの利便性について患者側，医療機関側双方の立場に立って考えることができる。
>
> **予習** ・教科書の該当部分を読み，説明がよくわからないところに付箋を貼る。
> （東京書籍『新編 新しい社会5下』平成27年度版, pp.78-79）

● **教師の説明** ▶▶▶ 10分

●総合病院内の情報ネットワークはどのような仕組みなのか
　・資料「病院内の情報ネットワーク」を使用し，総合病院内ではどのような情報が扱

われ，どのようにやりとりされているのかを説明する。
- カルテや電子カルテ，リストバンドなどの役割や機能を説明する。
- 電子化された情報はサーバを介して共有されていることを押さえておく。

●理解確認 ▶▶▶ 15分

●総合病院内での情報の流れを説明し合う（教科書 p.78）。
- ペアで教科書の資料「病院内の情報ネットワーク」を指差しながら，病院内での情報の流れを受付，待合，診察，検査，会計など，実際に受診した時の流れに沿って説明し合う。
- ペアで説明し合ったら，グループでも説明し合わせる。もし，説明が一致しない場合は，話し合わせたり，教師に支援を求めさせたりする。

●理解深化 ▶▶▶ 15分

●総合病院が情報ネットワークを導入する理由を考える。
- 情報ネットワークの課題であるコストや情報漏洩の危険性などについて事前に知らせておく。
- 教科書の医師や看護師のインタビューなどの資料や自らの経験をもとに考えさせる。
- 4人グループで相談しながら考える。まとめ方は，図，箇条書き，文章など，それぞれの自由とする。
- 考えあぐねているグループには，資料「病院内の情報ネットワーク」で，受付から順に情報ネットワーク導入のよさを考えるよう支援する。
- いくつかのグループから，情報ネットワーク導入の理由として考えたことを発表してもらう。

●自己評価 ▶▶▶ 5分

●授業の振り返りを書く。
- 「わかったこと」「まだよくわからないこと」「もっと知りたいこと」「その他の感想」を書く。
- 何人かの児童に発表してもらう。

④ 授業の実際

　この授業は，2016年2月，佐久市立岩村田小学校5年2組で行った授業実践である。授業を行うにあたって，児童に対し，総合病院での受診経験を調査した。その結果，多くの児童に総合病院での受診経験がない，もしくは受診した記憶がないという状況であった。また，受診経験がある児童であっても，受付や会計を保護者に行ってもらっていたり，受診の最中に医師が電子カルテに診察内容などを記録していることを気にしていなかったりした。

　そこで，教師の説明の場面で，総合病院での受付から会計までの一連の流れを，そこでやりとりされる情報と関連づけながら説明した。児童の実体験にもとづいた理解ができるよう受付，待合，診察，検査，会計，それぞれの場面で「自分がよく行っている病院ではどうか」と問いかけ，児童と対話しながら総合病院の情報ネットワークによる情報のやりとりを説明した。すると，検査後の診察の場面では，「お医者さんのパソコンの画面に，レントゲンで撮影した写真が写っていた」と，自分の実体験から病院内の情報ネットワーク活用を理解していた。

　また，「僕の行っている病院では，レントゲンの写真はパソコンじゃなくて，ペラペラの大きなフィルムを白っぽい明るい板に張って見ていたよ」という発言から，病院内への情報ネットワーク導入前と導入後の違いを確認することができ，さらには，理解深化課題の「情報ネットワーク導入の理由」を考えるきっかけともなった。教科書には，患者の取り間違えを防ぐためのリストバンドについても取り上げられている。「このバーコードの着いたリストバンド，病院で見たことある？」という教師からの問いかけに対し，「病院におじいちゃんのお見舞いに行ったら，おじいちゃんがしていた」という発言があった。ここから，電子カルテ以外にも病院内の情報ネットワークに関わるものがあることやリストバンドの機能などを説明することにつながった。

　理解確認では，どのような情報がどのように病院内の情報ネットワークで扱われているか，教師の説明で学習したことをペアで確認した。その際，資料「病院内の情報ネットワーク」を指差しながら，受付から会計までの流れに沿って説明し合った。説明し合う様子を見ていると，サーバを経由せずに情報伝達を行っているペアがいたので，全体に対して，改めて，情報ネットワークはサーバを経由して行われていることを教師側から再確認した。ペアの後で4人グループでも同様の説明をし合った。都合，1人が2回説明することとなり，理解を確実なものとすることができたようであった。

理解深化では,「なぜ,大きな病院では,電子カルテなどを導入し,病院内に情報ネットワークを整備するのでしょうか」という課題を4人グループで考え,まとめた。理解深化課題を与えるに際して,児童に対し,「情報漏洩」のリスクや導入・維持管理にかかる「コスト」など,情報化,情報ネットワーク導入の課題について説明した。その上で,それでも情報ネットワークを整備する理由を考えさせた。教科書には,資料として看護師,医師のインタビューが掲載されている。児童は,そのインタビューと教師の説明で学習した総合病院内の情報ネットワークを関連づけながらまとめていった。右の図は,ある児童がまとめたものである。これを見てわかるように,多くの児童が,情報ネットワークを導入することの病院側のメリットと,患者側のメリット,双方について考え,まとめることができた。

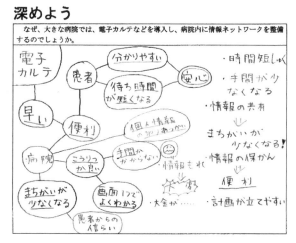

　自己評価では,「わかったこと」として「情報ネットワークで情報を共有することで,患者さんにも病院側にもよい点がたくさんあることがわかった。でも個人情報を漏れないようにするなどの課題がある」や「ネットワークによって便利なことがたくさんあることがわかった。でも,注意しなくてはいけないこともあることもわかった」と,本時でねらいとした患者側,医療機関側双方の立場に立って情報ネットワークの利便性を考えることができた児童が多くみられた。「もっと知りたいこと」には,「救急車と病院にも何かつながっているのか調べてみたい」や「いろいろな病院と総合病院の情報ネットワークによる関わりを知りたい」などの,次時に直接つながる内容を書いた児童がいた。授業の最後には,それを発表してもらい,次時の学習内容として設定することができた。

　今回の授業では,教師の説明の場面で総合病院内の情報ネットワークの仕組みを知り,理解確認の場面では教師の説明が正しく理解できているかペア,グループで確認し合った。その上で理解深化課題として,なぜ病院は情報ネットワークを導入しているのかを考え,まとめた。このような展開にした大きな理由は,児童の総合病院への受診経

験が乏しかったことを事前に把握することができていたからである。もし，事前の調査で，ほとんどの児童が総合病院での受診経験があり，受付から会計までの一連の流れをわかっていたのであれば，次のような授業展開にすることも考えられる。

場　面	内　容
予習	教科書を読んで学習内容を確認してくる。
教師の説明	総合病院内の情報ネットワークの仕組みとその利便性及び課題を知る。
理解確認	教師の説明を資料「病院内の情報ネットワーク」を活用して説明し合う。
理解深化	総合病院と地域の医療機関や消防司令室などがどのように情報ネットワークでつながっているのか考える。
自己評価	「わかったこと」「まだよくわからないこと」「もっと知りたいこと」「その他の感想」を書く。

　この授業展開は，教師の説明，理解確認で総合病院内の情報ネットワークを押さえ，理解深化でさらに広域の医療機関同士の情報ネットワークのつながりについて考えるものである。理解深化課題は，教科書において，次時で取り扱う内容であるが，情報ネットワークの活用による情報共有や時間短縮などがその利便性であり，それは総合病院内での情報ネットワークが地域の情報ネットワークに広がっても変わることはない。そこで，教師の説明と理解確認で学習した内容を活用し，理解深化において発展的な課題として取り組ませることが可能であると考える。

　今回の授業において最も大切だった点は，困難度査定であった。事前に児童の総合病院での受診経験などを確認しておいたので，児童がどの点で理解が困難になるのか，どのように教師の説明を行えばよいのかが明確となっていた。また，それにより理解深化課題をどのような程度のものにすればよいかも構想しやすく，児童の実態に応じた課題になったように思われる。「教えて考えさせる授業」を構想する上で，困難度査定の重要性を改めて確認させられる授業実践となった。

§14 社会／6年 [国民主権と選挙]

自分のこととして選挙を考えよう

●美作市立勝田小学校 山本輝美

① 学習内容と困難度査定

　本単元では，日本国憲法について扱う。日本国憲法には，国家の理想，天皇の地位，国民としての権利や義務などの国家のあり方や国民生活の基本が定められている。基本的人権の尊重，国民主権，平和主義といった日本国憲法の基本的な原則を学ぶ。国民の祝日，基本的人権，選挙，公共の福祉，平和活動など，児童の日常生活とも結びつきがある事柄が多く含まれており，児童の日常生活と関連づけながら考えられる単元であろう。

　本時では，日本国憲法に掲げられた3つの原則のうち「国民主権」について学習する。憲法に記載された「国の政治のあり方を最終的に決めるのは国民である」という考え方が国民主権である。現在では，国民主権を実現するために，社会の中には様々な仕組みが用意されている。その代表的な1つが選挙である。このほかにも，世論を通じて内閣に影響を及ぼすことや，国民投票で裁判所の方針に対して意思表示をすることができる。地方自治については，住民投票という仕組みが用意されている。住民投票の中には，小学5年生以上が参加した例もある。

　国民主権は憲法の重要な基本方針であり，国民主権を実現するための選挙をはじめとする様々な仕組みは存在しているものの，児童にとっては，自分や自分の家族が最終的に国のあり方を決定しているという実感はもちにくいのが現実であろう。事前の児童へのアンケートでも，「政治に興味・関心がある」と答えた児童は約10%と低かった。実際，投票率の低さは国家レベルで問題となっており，投票を通じて自分たちが国家のあり方を規定しているという意識を学校教育の場で改めて涵養する必要があると考えられる。特に，若い世代の場合には，高齢者に比べて投票率が低いだけでなく，世代全体での人数が少ないという特徴もある。投票行動を通じて自分たちの世代の主張を通していくためには，よりいっそう積極的に投票していく必要がある。しかし，残念ながら実態は逆であり，特に20代，30代の投票率が低い傾向が確認されている。70代以降を除いて基本的には賛成している政策が，人口の少なさと投票率の低さがあいまって通らなかっ

た大阪都構想の事例を素材としながら，学習内容が自分たちの生活に直結していることを実感させたい。

　また，本時のむずかしさとして，言葉のむずかしさがあげられる。教科書には様々な新しい用語，新しい図が出てきて，その意味するところや関連がつかみにくくなっている。国民主権を実現するための様々な仕組みを説明した図も，これまでの学習とは異なるまったく新しい図となっており，児童がこれまでの学習内容を統一的に学習することがむずかしくなっている。三権分立で学んだ図にこれらの仕組みを書き加えていくなど，これまでの学習内容と関連づけられた知識をもたせたい。

② 本時の展開と指導上の工夫

　用語の意味をつかみ，関連づけられた知識をもつための工夫として，以下にあげる3つの工夫を加える。1つ目に，事前に予習として，日本国憲法前文や国民と国の政治について書いてある部分を読み，意味のわからない言葉や文章に印を付け，本時の学習に対する構えをもつことができるようにする。2つ目に，教師の説明において，三権分立の学習に使用した図を基本として，そこに国民主権を実現するための社会の仕組みを書き加えた。3つ目に，理解確認において，これらの図をそれを知らない友達に教えるつもりで説明してもらう。こうした活動を設けることで，児童自身が関連づけられた知識をもつようになることを期待する。

　さらに，児童が国民として最終的に国のあり方を決定しているという実感をもち，将来的には自分の投票行動に結びつけられるように，理解深化課題に工夫を設ける。ここでは，大阪都構想の住民投票を取り上げる。大阪都構想は，出口調査では70代以降を除く各世代で賛成が反対を上回っていたにもかかわらず，賛成している年齢層の人口の少なさとの投票率の少なさのために，最終的には反対多数で否決されてしまった事例である（p.118の表を参照）。この事例を児童と共有し，若い世代の意見を反映させるにはどうすればよいのかを考えてもらう。また，その布石として，教師の説明の中でオーストラリアの義務投票制にも触れる。オーストラリアでは，投票しない場合には罰金を課すという法律を作り，投票率を高めることに成功した。一方で，罰金を回避するために，十分に考えずに投票するといった問題も生じており，社会問題となっている。これらの事例をあげながら，グループで「国民が国の政治のあり方を最終的に決めていくためにはどうすればよいのか」を考えてもらうことで，投票行動の重要性を実感してもらいたいと考えている。

③ 本時の目標と授業案

目標 ●日本国憲法にある「国の政治のあり方を最終的に決めるのは国民であること」が「国民主権」であることを理解することができる。さらに，国民主権を実現するための重要な仕組みの1つである選挙について考え，投票行動が重要であることを実感させる。

予習 ・「国民主権」を扱うことを伝える。教科書の該当部分を読んで，わからない部分には印を付けてくるように伝える（家庭学習）。

● **教師の説明** ▶▶▶ 15分

● 「国民主権」について説明する。

・「国民主権」とは，「国の政治のあり方を最終的に決めるのは国民である」という考え方であることを説明する。

・教科書で学習した三権分立についての図（右図）を提示し，大日本帝国憲法との違いも入れながら，国民主権を実現するための国の仕組みについて説明する。

・具体的には，選挙，世論，国民審査，住民投票などによって，国民の意見が国のあり方に反映されていることを説明する。

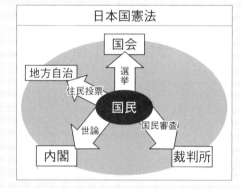
国民主権を説明するための図

・また，住民投票の中には，小学校5年生以上が参加した例もあり，小学生であっても政治に参加することがあることも触れる。

> **大切** 日本国憲法には，国の政治のあり方を最終的に決める権限（主権）が国民にあると書かれている。これを「国民主権」と呼ぶ。
> 1　選挙　　2　世論　　3　国民審査　　4　住民投票

●オーストラリアの「義務投票制」について説明する。

・日本では，投票率の低さが問題になっていることを伝える。

・一方で，オーストラリアでは高い投票率を示している。これは，オーストラリアでは1925年以降，選挙での投票が義務づけられており，正当な理由なく投票しなかった有権者には罰金20豪ドル（1豪ドル＝約80円）が課されること，この制度の導入

後，投票率が図のように90％以上で推移していることを説明する。

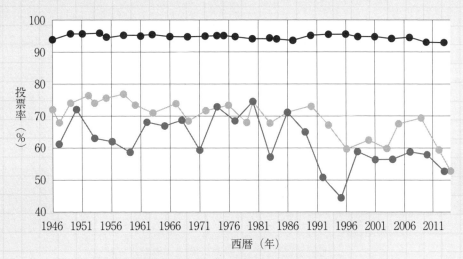

日本とオーストラリアの投票率の推移

● 理解確認 ▶▶▶ 8分

●国民主権とは何か，国民主権を実現するための日本の仕組みについて友達に説明する。

・ペアごとに，ホワイトボードと国民，国会，内閣，裁判所と書かれたマグネットを与える。まずは，マグネットに矢印とキーワード（選挙，世論，住民投票，国民審査）を加えながら図を再構成する。

・完成したら，知らない人に教えるつもりで「国民主権とは何か？」「国民主権を実現するための仕組み」について説明する。その際，マグネットを黒板のように立てて，それを相手に指し示しながら説明する。説明が終わったら交代する。

● 理解深化 ▶▶▶ 17分

●大阪都構想の住民投票について伝え，どうすれば若い世代の意見が通っていたのかを考える。

・表（p.118）を提示し，70代以上を除くすべての世代で賛成が反対を上回っていることを確認する。一方で，結果は，反対多数となってしまったことを伝える。

・多くの世代の意見が反映されなかった理由として，投票率の低さと，人口の少なさがあることを，児童とやりとりしながら押さえる。

・グループごとに分かれて，若い人の意見を反映するためには，どうすればよかった

のか考えてもらう。また、オーストラリアの義務投票制の話も出し、そうした方法をとればよかったのか、そうではないのならばなぜかを考えてもらう。
・少し時間をおき、児童から、「人数が少ないのだから、より一層積極的に投票に行く必要がある」といった意見を出してもらう。
・グループによっては、オーストラリアのような義務投票制をよいと考える意見もみられると予測できる。その場合には、反対の意見のグループにも発表してもらい、賛否両方の意見が出るようにする。
・児童から、義務投票制への反対理由がうまく出ない場合には、罰金を逃れるために、考えずに投票する人が多くなっており、社会問題になっているということについても教師から伝える。

大阪都構想の住民投票に関する資料

世代	人口（人）	賛成率	反対率	行った（人）	行かなかった（人）	投票率
20代	325,000	61%	39%	146,250	178,750	45%
30代	380,000	65%	35%	231,800	148,200	61%
40代	408,000	59%	41%	277,440	130,560	68%
50代	305,000	54%	46%	228,750	76,250	75%
60代	352,000	52%	48%	274,560	77,440	78%
70代〜	480,000	39%	61%	316,800	163,200	66%

注）「賛成率」「反対率」は出口調査を基にしたデータ

● 自己評価 ▶▶▶ 5分

●本時の振り返りをする。
・今日の学習でわかったことや、これまでと見方や考え方が変わったことをノートに書かせ、本時の振り返りをする。

④ 授業の実際

本指導案は、2016年1月に行われた公開研究授業での実践をもとにして作成された。実際に行われた授業では、教師の説明においてオーストラリアの義務投票制については触れていない。また、理解深化課題は、大阪都構想のみを取り上げ、投票に行くことの

メリット，デメリットを考えさせるというものであった。展開を変えたのは，授業後の検討会における議論による。検討会では，理解確認までと理解深化との間に飛躍があり，児童が十分に流れに乗り切れていないのではないかという意見が出された。実際の授業では，教師の説明では，選挙が国民主権を実現するための重要な仕組みであることには触れているものの，選挙自体にそれほど焦点が当たっているわけではない。その中で，いきなり大阪都構想の課題が出されて考えることを求められても，子どもたちの中ではうまくつながらなかったというわけである。そこで，教師の説明で，日本では投票率の低さが問題となっているということと，オーストラリアのように罰金を課してでも投票を促す工夫を行っている国があることを教示し，国民主権の実現において選挙や投票行動が深く関係していることを事前に意識させておくこととした。その上で，若い世代の意見が反映されなかった事例として大阪都構想を紹介し，若い人たちの意見を反映させるためにはどうすればよかったのかを考えてもらうこととした。

　なお，実際の授業の理解深化課題では，先述したように行くことのメリット，行かないことのデメリットなどを考えてもらっている。しかし，こうした課題では，どうしても当事者としての意識はもちにくくなる。そこで，今回の理解深化では，当事者としての視点をもってもらうために，「どうすれば若い世代の意見が通っていたのかを考える」という課題に切り替えている。ここでは，人口が少ないハンディキャップを乗り越えるためには，投票行動がより一層重要になることに気づいてもらうことが主眼である。また，義務投票制のような仕組みの功罪についても意識してもらいたいと思っている。義務投票制は，投票率は上がるという利点はあるものの，よく考えずに投票するといったことも問題となっており，必ずしもしっかりと考えた人の意見が反映されることにつながらない可能性がある。教師の説明の中で義務投票制があるということを知るだけでなく，その政策の功罪まで認識させることができればなおよいと考えた。

　最後に，本授業で取り入れた理解確認についても触れておきたい。ホワイトボードを使いながら学んだことを説明してみるという活動は，本校では他の教科でも取り入れている。本校の実践の中心は算数であったが，この授業での利用も視野にいれて，この単元では積極的に利用した。使い始めてからの時間は短かったものの，算数での経験があり，子どもたちはスムーズに説明できていたように思う。他教科であっても，ペアになって先生から学んだことを説明してみる，学んだ知識を使ってグループで考えてみるといったことを日常的に行っていることで，他の教科で教えて考えさせる授業を導入した時の基礎となることを感じられた授業であった。

§15 家庭／6年［工夫しよう，さわやかな生活］

「衣服の汚れ」を目で見てみよう

●品川区立第二延山小学校 松川智子

※所属は実践当時

① 学習内容と困難度査定

　本単元は，健康的でさわやかな生活をするために，洗濯をテーマとしている。洗濯実習に向けて，家の人へ，①洗う時の工夫，②干す時の工夫，③たたむ・しまう時の工夫の3点についてインタビューをしてくることを課題として出している。その後，インタビュー結果をまとめたものをプリントにして全員へ渡し，どのような工夫があるのかを全体で確認する時間も前時にとっている（次ページ参照）。自分の家と同じ工夫もあれば，初めて知る工夫もあり，共通理解する時間は児童同士の意見交流が多くなっていた。

　本時は，洗濯実習の前時の授業である。教科書では，洗濯実習の仕方について学び，実習にすぐ入る流れになっている。しかし，普段生活していると，汗をかくことや汚れが服に付くということは当たり前だが，どの程度衣服が汚れているのかをしっかりと目にすることは少ない。どういったところに汚れが付くのか，汚れにはどんな種類があるのかを確認した上で洗濯実習に入ることで，洗い方や洗濯に対する意識を変えたい。

② 本時の展開と指導上の工夫

　まず，服のどこが汚れているかを児童に予想させてから，ニンヒドリン水溶液という特殊な薬液を使って汚れの程度を実際に見せることにした。日々の生活で汚れが付きやすいこと，また，少しの時間過ごすだけでも汚れが付くことを知った上で，清潔な衣服を身につける意識づけをさせたい。

　あわせて，理解深化では，気づいたことを出し合う中で，家の人が行っている洗濯の工夫をあらためて見直し，どこが汚れているかということと密接に関わっているものがあることに気づいてほしい。

ニンヒドリン水溶液

③ 本時の目標と授業案

目標
- 服の汚れがどこに付くかを予想し、理由とともにワークシートに記入した上で、実際に汚れているところを確認する。
- 毎日衣服を取りかえることや、洗濯することの必要性を理解する。

事前準備
- 本時の予習はとくに行わないが、家の人が行っている洗濯の工夫について聞く宿題を出しておき、それをまとめた結果を前時に見て、洗濯への関心を高めておく。
- 綿100%の下着と靴下を用意する。
- 授業当日の朝、下着と靴下をそれぞれ抽出した児童に渡し、半日身につけたものを実験に利用する。

家の人が行っている洗濯の工夫（前時に確認）

＜洗う時の工夫＞
色落ちしやすい物は色の濃い物と洗う／首回り、袖口の汚れはあらかじめ洗う／汚れがひどい物は、先に石鹸で洗う／洗剤を入れすぎないようにする／風呂のお湯を使って節水する／絵表示を見る／色落ちしやすい物は、他の物と一緒に洗わない／いい香りの柔軟剤を使う／色がらの物、白い物は分けて洗う／Ｙシャツは脱水を短めにする／ぬるま湯で洗う／ポケットの中を確認する／靴下は１回手洗いをする／靴下がペアで入っているか確認／しみのある物は、しみ取りをさきにする／ドライ製品は手洗いをする／漂白剤を使うこともある／ジーンズだけ洗って、洗剤は使わない／小物類や、装飾が付いているものはネットに入れる

＜干す時の工夫＞
日差しの強い時は、色の濃い物を裏返して干す／他の物とかさならないように干す／厚手の物は日当たりがいいところに干す／しわをのばす／風通しがよくなるように干す／靴下はペアで隣同士になるように干す／Ｔシャツの首がのびないように干す／型くずれする服はハンガーにかける／絵表示を見る／あまり乾燥機を使わない／なるべく午後３時半までに取り込む／アーチ型に干す／色の濃い物は部屋干しをする／ハンガーから落ちないようにする／洗濯バサミの位置を気にする／洗濯が終わったらしわにならないようにすぐに干す

<たたむ・しまう時の工夫>
引出しの大きさに合わせてたたむ／重ねないでならべる／立ててしまう／折り目に合わせてたたむ／たたむ時に，家族一人一人の分に分けてたたむ／なるべくコンパクトにする／季節によってしまう場所を変える／種類によってたたみ方を変える／新しくたたんだ物は，たんすの一番下に入れる／真ん中に折り目がこないようにたたむ／ハンガーにつけたまましまう／アイロンをかけてからしまう／同じものを連続で着ないようにたんすに入れる順番を変える

● 教師の説明 ▶▶▶ 17分

● 汚れにはどんなものがあるか
・衣服が汚れる原因には，どんなものがあるかを考えてみる。
・汗の汚れだけでなく，皮脂の汚れや泥などの汚れがあることを知る。

● めあてを伝える
・目には見えない汚れを，実験によって視覚的に見て確認する。
・めあてを伝える。「衣服や靴下の汚れを調べてみよう」

● 汚れを予想する
・半日身につけた下着や靴下は，どの部分に汚れが付くと思うかを予想し，ワークシートに記入する。また，なぜその部分が汚れるのか，考えた理由も明記させる。

● 実験の様子を観察し，下着・靴下に付いている目には見えない汚れを調べる。
・特殊液（ニンヒドリン水溶液）を下着や靴下に振りかけ，アイロンで温めることにより，目には見えなかった汚れが赤紫色に浮かび上がってくる様子を観察し，どの部分に目には見えない汚れが付いていたかを確かめる。

<留意事項>
・ニンヒドリン水溶液が直接手につかないように，ビニール手袋をつける。
・教卓で実験を行い，反応の様子は実物投影機をプロジェクターにつないでホワイトボードに映すことで，児童の視線が一点に集中するようにする。

● 理解確認 ▶▶▶ 8分

● 実験の結果をまとめる。
・実際に行った実験で，どのあたりに汚れが付きやすいのかを全体で確認し，ワークシートに記入する。

● **理解深化** ▶▶▶ 15分

●実験の結果をもとに,感じたことや気づいたことを話し合う。
・どこがどれくらい汚れるだろうかという予想と,実際の実験の結果を比べると,どうだったか。
・家の人がしている洗濯の工夫の中で,本時の実験結果から理由がわかるものはどれか。

●まとめる
・少しの時間でも,肌や空気に触れることで汚れが付いてしまうことを理解する。
・「毎日清潔な衣服を身につけよう」というまとめを行う。

● **自己評価** ▶▶▶ 5分

●授業の振り返りを書く。
・本時で学んだことや気がついたことを振り返り,発表する。

④ 授業の実際

　この授業案は,平成26年度に,品川区の教育会研究授業で行ったものをもとに,一部修正を加えたものである。

　この授業では,毎日身につけているものを清潔にする大切さを学ばせたいと考えた。授業よりも前に,事前アンケートを児童にとってみると,以下のような結果が出た。

衣服についてのアンケート結果

（どちらもの場合,どちらかというと多い方に丸をつけましょう）　＊回答100人

①いつも上着の下に下着を着ていますか。	着ている	74人	着ていない	26人
②服は毎日清潔なものを着るようにしていますか。	している	100人	していない	0人
③毎日着る服は,自分で決めていますか。	自分で決めている	80人	親が決めている	20人
④服を決める時どんなことに気をつけていますか。（複数回答可）	⑦その日の天気や気温			89人
	⑦その日の気分			55人
	⑦服の色合い			68人

	㋖その他 ・決まった服だけを着ない ・動きやすい服 ・汚れる作業がある日は汚れてもいい服 ・その日の行事（授業）を考える（TPO） ・体育がある日はぬぎやすい服 ・かわいい服，かっこいい服 ・スタイルがよく見える服

　以上のような結果から，全員が毎日清潔なものを身につけるようにしているが，衛生的な着方（上着の下に，下着を着る）に気をつけている児童は74人にとどまっている。その理由として，「暑いから」「面倒だから」といったものが多かった。また，服を決める時は，天気や気温を考えている児童や，TPO に合わせたものを選ぶ児童が多かった。

　さらに，授業を通して，毎日身につけている服の素材や役割を考えて服選びができるようになる力を身につけてほしい。とくに，毎日着ている服がどれだけ汚れるのかを視覚化することにより，洗濯の大切さ，下着を着ることの必要さ，清潔にすることの大切さに気づかせたいというねらいがあった。

　本時で実際の汚れを視覚化させたことで，汚れが付きやすい部分を確かめることができた。児童のワークシートには，次のような記述がみられた。

　・汗が付きやすいのは，脇や首回りが多いことに気づいた。
　・土の汚れなどは，足首に付きやすい。
　・肌に触れている面だけでなく，空気に触れている方にも汚れが付くことがわかった。

　家の人は，このようなことを知った上で，洗濯の工夫をしていることを理解してもらえたと思う。次時の洗濯実習では，汚れの度合いによって，つまみ洗いやもみ洗いの方法があることを伝え，汚れに合った洗濯の仕方を自分でやってみることとした。

ニンヒドリン水溶液によって衣類の
汚れが浮かび上がった様子

衣服の手入れをしよう

〔　　〕年〔　　〕組　名前〔　　　　　　　　　　　〕

● めあて

● 予想　肌に接している衣服はどこが汚れるのか，予想してみよう。
　　　　汚れていると思う部分に色を付けてみよう。

● 結果　実験してみて，どこが汚れていましたか？
　　　　汚れていたところに色を付けてみよう。

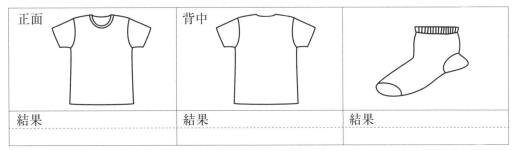

● まとめ

● ふり返ろう

	◎ ○ △
㋐衣服の汚れを予想することができましたか。	
㋑衣服の汚れの原因を考えることができましたか。	
㋒洗濯の必要性がわかりましたか。	
＜感想＞	

§16 体育／5年 [ゴール型のボール運動／バスケットボール]

状況に応じた技能を身につける

●品川区立第二延山小学校 佐藤　学

※所属は実践当時

① 学習内容と困難度査定

　本時は，バスケットボールに必要な個人としての基本的技能「シュート」「パス」「ドリブル」の指導を終えた後の時間である。2時間児童の動きを観察し，チームを編成した。チームの中で自分の役割は何か，ボールを持たない時の動きはどうしたらよいかを学習していく。

　バスケットボールに必要な基本的技能を身につけること以外に，チームの特徴に応じた作戦を立てられることや，チームの中で自分の役割や動きを工夫できることを単元のねらいとする。バスケットボールは，簡易化されたルールの中で，手でボールを操作し，ボールを保持していない人が保持する人からボールを受けることのできるスペースに動いて，攻防を楽しむゲームである。全員が集団対集団の攻防によって競争することの楽しさや喜びを味わうことができるように，プレーの人数やルールの制限，場の設定などを工夫し，作戦を生かせるようにすることが大切である。

　児童が困難を感じる点として，「ボールを持っていない時にどう動いたらいいかわからない」ことや「基本的技能が身につけられず，ゲームに参加できない」ことなどがあげられる。そこで，人数を5対5ではなく，2対1，3対2と制限し，具体的な動きを「今日のスキルポイント」として教え，さらに「スキルアップタイム」と題し，繰り返し基本的技能を習得するための時間を設ける。

② 本時の展開と指導上の工夫

　準備運動からボールを常に持たせ，感覚を養う。ボール回しやパス練習など毎時間繰り返し行う。教師の説明では，「今日のスキルポイント」としてボールを持たない時の動きを教師が模範として示す。いくつかの型を示すことで，児童に状況に応じた動きのパターンを理解させる。理解確認では，チームごとに「2（攻撃）対1（守備）」の状況を作り，ボールを持たない時の動きを実際に確かめさせる。必ず相互チェックを促

し，アドバイスする時間を設ける。iPad を活用し，自分の動きを確かめられるようにもしておく。理解深化として人数を増やし，「3（攻撃）対2（守備）」で実践ゲームをする。必ず相互チェックをさせ，作戦タイムで成果と課題を話し合わせる。ホワイトボードにマグネットを付け，頭の中で動きを想定する活動も取り入れる。

③ 本時の目標と授業案

目標
- ●ボールを持たない時の動きを考える（思考・判断）。
- ●実戦形式（ゲーム）の中でマークをはずし，シュートをうつ（技能）。

予習
- ・体育学習カード（振り返りカード）を読み，前時までのスキルポイントを確認させる（体育学習カードは pp.130-131に掲載）。

●準備運動・スキルアップタイム（8分）

- ・ボールを1人1個持ち，ボールをつきながら集合する。いつもボールを持っている状態。ケガのないようにしっかりと部位を伸ばす。
- ・以下のようなスキルアップを行う。
  - ・ボール回し
  - ・8の字回し
  - ・ボールつき左右
  - ・ボールキャッチ
  - ・8の字ドリブル
  - ・ネームパス
  - ・連続シュート

● 教師の説明 ▶▶▶ 7分

●ボールを持たない時の動きとは（今日のスキルポイント①）

- ・実際に2（攻撃）対1（守備）のように人数を制限し，具体的に守備のいないスペースを見つけ，ボールをもらう。

●最終的にどこのポジションに行けばよいか（今日のスキルポイント②）

- ・シュートがうちやすい場所（斜め約45度，正面）にマークをはずして侵入するということは，前時の「スキルポイント」で学習済みなので，生かせるよ

教師の説明の場面

うにする。
- ●よくある悪い例
  - ・ボールの所に固まってしまう。
  - ・ずっと立ちっぱなしで動かない。

● 理解確認 ▶▶▶ 10分

● チームごとに「2（攻撃）対1（守備）」ミニゲームをやってみる。
- ・チームで必ず，相互チェックをする。コートに出ていない児童には積極的に声をかける。
- ・スキルポイントを意識してプレーする。
- ・ケンステップをシュートがうちやすい角度に置き，目印にする。
- ・iPadを見学者に持たせ，動画を撮影する。チームごとに確認できる状態にする。

● 理解深化 ▶▶▶ 15分

● 「3（攻撃）対2（守備）」で実際にゲームをする。
- ・全員が攻撃，守備の経験をできるようにローテーションをする。
- ・理解確認の時のように相互チェックをし，アドバイスをし合う。
- ・教師は児童の動きを観察し，具体的な声かけ，称賛をする。
- ・3部制に分け，1部が終わるごとに「作戦タイム」を設ける。作戦タイムでは，チームカードとホワイトボードをリーダーに渡し，頭の中で一人一人の動きを確認させる。マグネットを操作しながら「誰がどこに走るか，誰がどの子をマークするか」など具体的な話し合いをさせる。
- ・ルールは1回1回リーダーを中心に体育の時間外に「ルール変えて委員会」を開き，全員が参加し楽しめるルールを出し合う。

3対2ミニゲーム

ホワイトボードの活用

● 自己評価 ▶▶▶ 5分

● 授業の振り返りを書く。

- 「大切だと思ったこと」「まだよくわからないこと」「おもしろかったこと」「おもしろくなかったこと」「そのほかの感想」を体育学習カードに書く。
- 「今日のスキルポイント」を言葉で説明できるように体育学習カードに枠を設ける。
- チームごとに集まって行う。

振り返りの様子

④ 授業の実際

　学内テーマとして，算数科での「教えて考えさせる授業」には２年間取り組んでいたが，体育科で単元を通して実践するのは初めてであったため，教える立場としてとても新鮮であった。いざ取り組んでみると，体育は授業の流れがはっきりとしている上に，教える段階で「今日のスキルポイント」として端的に大事な技能を伝えられて，児童の運動量の確保にもつながった。授業のめりはりという視点からも，とても有意義な授業を展開できたと感じている。

　理解深化では，時間固定制と得点固定制のルールをそれぞれ適用したチーム同士の実戦形式（ゲーム）を毎回行った。楽しみながらも，授業の冒頭で教えた「スキルポイント」が生かされれば生かされるほど，チームの力が上がり，点数が伸びたり，時間が短くなったりする。また，必ず児童に１つ考えさせる課題を与え，本時は「２（攻撃）対１（守備）」から「３（攻撃）対２（守備）」になって作戦として生かせるところと変えないといけないところをチームごとに検討させた。チームごとに特徴を生かし，作戦を立てる姿が多く見られたが，ボール運動が苦手，操作するのがむずかしいという児童に対するアプローチは悩んだ。バスケットボールは硬くて怖いという児童には，少し柔らかいボールを渡し，その子の番のみボール変更するなどの手立てをした。

　自己評価では，自分のチームの特徴は何なのか，自分はこのチームでどんな役割があるのかなどを体育学習カードに書かせることをねらったが，なかなか具体的な記述はなかった。カード形式の吟味や，授業の中で具体的な声かけをすることなどが必要だと感じた。チームスポーツなので，作戦タイムを設けたが，そのあり方も課題である。ホワイトボードを活用し，マグネット操作の中で，それぞれの役割・動きを頭で整理させたが，これが有効だったか，今後研究しながら考えていきたい。

バスケットボール

〔　　〕年〔　　〕組　名前〔　　　　　　　　　〕

① 　月　　日（　）　**めあて**

進んで学習に参加できたか　　A　B　C　　安全に留意できたか　　　　　A　B　C
友達と協力して活動できたか　A　B　C　　自分のめあてが達成できたか　A　B　C

▶今日の学習のスキルポイント

▶友達にアドバイスをもらったこと（具体的に）

▶成果と課題（特に課題はどこがうまくできなかったのか明確に）

② 　月　　日（　）　**めあて**

進んで学習に参加できたか　　A　B　C　　安全に留意できたか　　　　　A　B　C
友達と協力して活動できたか　A　B　C　　自分のめあてが達成できたか　A　B　C

▶今日の学習のスキルポイント

▶友達にアドバイスをもらったこと（具体的に）

▶成果と課題（特に課題はどこがうまくできなかったのか明確に）

体育学習カード（チーム用）

チーム名 [　　　　　　　　　　　]　　　記入者 [　　　　　　]

● チームのめあて

● チームの動き方（戦術）

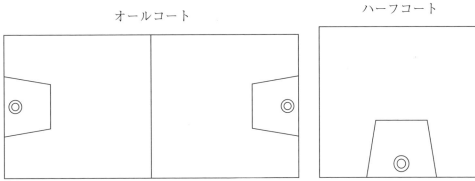

オールコート　　　　　　　　ハーフコート

具体的にどういう作戦？（言葉で）

→ 人の動き
--→ パス
〜〜 ドリブル

試合結果
　対戦相手 [　　　　　　]

1セット　　　対
2セット　　　対
3セット　　　対

合　計　　　対

次回への課題・作戦（戦術）・練習方法など

§17 音楽／5年［日本音楽の創作活動］

ぼくも わたしも 作曲家

●箕輪町立箕輪北小学校 二木かおり

① 学習内容と困難度査定

　本時は，創作単元の第1時にあたる時間である。教科書の第1時は，五音音階を用いて2音または3音で，指導者が即興的に作った旋律を模倣し，慣れてきたところで自分で作ってみるようになっている。また，リズムパターンの例としては4分音符8分音符や4分休符が入り交じったものが示されている。そして，次時には自分が創作した曲をグループの友達とつなげてみる活動が示されている。

　単元導入のねらいは，日本の音階に興味・関心をもち，その音を使って旋律を作ったり組み合わせたりする学習に主体的に取り組むことだ。しかし上記のような展開では，リズムパターンに惑わされて創作することに意欲が向かなかったり，五音音階を形式的に当てはめるだけで終わってしまい，自分が作った曲のよさを味わうことができなかったりするのではないかと思われる。

　そこで，既習曲の中で子どもの心をつかむ曲はないだろうかと考えた。その楽曲を教師が示範演奏をし，五音音階を子どもとリコーダーで確認し，日本の音階の雰囲気を感じ取ることで，5音のみを使って美しい曲が作れることを十分確認してから活動に入ることにした。さらに，リズムパターンでは4分音符と8分音符が組み込まれているため，混乱してしまう子どもがいるだろう。子どもが五音音階を並べやすくするため，単純なリズムパターンにしておくという手立てが必要である。教師の机間指導で，どのペアも作れたことを確認した後，全体の前でリコーダーで発表してみることで「できた」という思いにつなげ，次時は5音でも作ることができそうだという意欲をもたせたい。

② 本時の展開と指導上の工夫

・導入部分では4年生で習った「さくらさくら」の冒頭を教師が示範演奏し，五音音階の説明につなげる。
・作曲していく上での旋律の音の上がり下がりの例が教科書では，

①音の高さがあまり変わらない
　②音が上がっていく
　③音が下がっていく
　④音が下がってから上がる

と4パターン載っているが，本時は「まとまりのある曲を作っていこう」とだけ提示し，2音または3音を使い必ずリコーダーで確認しながら作っていくこととする。

・リズムパターンで混乱しないように4分音符のみとする。作っていく中で8分音符や2分音符が出てきた場合は，机間指導で確認をしてそれもよしとする。
・作曲に自信のない子どももいるので第1時はペアで活動することにした（第2時は個人で作曲する時間も確保する）。

③ 本時の目標と授業案

目標 ●日本の音階の音（五音音階→ミファラシドミ）を使って4分の4拍子で2小節の旋律を作ることができる。また，自分が作った曲をソプラノリコーダーで演奏しながら発表することで，次時も楽しく曲作りができそうな見通しをもつ。

予習 ・担任から「明日の音楽では曲作りをやるようだよ」と，あらかじめ予告しておいてもらう。また，事前に教科書の該当箇所を読んでおく。
（教育芸術社『小学生の音楽5』平成27年度版，pp.44-45）

● **教師の説明** ▶▶▶ 10分

●日本の音階のひとつ（五音音階）を紹介する。
・「さくらさくら」（4年生既習曲）の始めのフレーズをリコーダーで示範演奏する。

●五音音階の表を掲示して音階を視覚で理解する。
・「さくらさくら」をゆっくりのテンポで再度示範演奏し，音階表と照らし合わせることで何の階名が使われているのか確認をする。
●五音音階の中の2音か3音を選んで作曲していくことを伝える。

・1拍が4分音符で2小節の旋律を教師が即興で演奏し，子どもに復唱させて確認する。その中でフレーズ終わりの音は「ミかシか高いミ」の3音にするルールを伝える。

● 理解確認 ▶▶▶ 10分

●黒板に音階表をあらかじめ掲示しておく。教師が指示棒で指しながら歌い，子どもは必ず表を見て復唱することで五音音階と本時使っていくリズムパターンを確認する。

・2音で
①ミラミラミラミ　②ラシラシラシシ　③シドシドシシシ　④ラミラミラミミ
⑤ミララミララミ　⑥ラシシララシシ　⑦シドドシシシシ　⑧ラミミラミミミ
　　　　　　　　　　　　　　　　　　　　　　～リコーダーでも演奏してみる～

・3音で
①ミラミラミラシ　②ラシラシララミ　③シドシドシドミ　④ラミラミラシミ
⑤ミララミラシシ　⑥ラシラミララシ　⑦シドシドドドミ　⑧ラミミララシミ
　　　　　　　　　　　　　　　　　　　　　　～リコーダーでも演奏してみる～

●フレーズの終わりの音は何の音か全体で確認する。

フレーズの終わりの音

●必ずリコーダーで演奏してみて，本時のルールを守っていること，まとまりのある旋律になっていることをペアで確認しながら作曲していくことを伝える。
●1曲目ができたら挙手して2曲目に進んでいく。

● 理解深化 ▶▶▶ 20分

●相談しながら創作活動ができるように，作った学習カードを参考にしながら，2音か3音の音階を選び，ペアで曲を作ってみる。

- ・実際にリコーダーで音を出して確認させる。
- ・フレーズの終わりの音に気をつけるようにさせる。
- ・考えあぐねているペアには教師が支援に入る。
- ・ルールどおりに1曲できたら必ず教師は○をつけて誉め，2曲目に進ませる。
● すべてのペアが1曲でき上がったところで，グループ内で発表する時間を取る。
- ・ルールどおりにできていたら拍手をしてあげようと伝える。
● 全体の前でどれか1曲を発表していく。
- ・ペアで演奏させる。

● **自己評価** ▶▶▶ 5分

● 授業の振り返りを書く。
- ・曲を作ってみてわかったことや曲を作ってみての感想を書く。
- ・その感想を発表してもらう。

④ 授業の実際

　この授業案は平成28年1月，箕輪町立箕輪北小学校で平成26年度から行っている「教えて考えさせる授業研究」の日に行った授業実践である。年末年始休業が明けてから第1回目の音楽の授業であったので，この単元を学習することが大丈夫かどうか悩んだが，「教えて考えさせる授業」の方法が大いに役立ったのは間違いない。

　予習については，学級担任に「明日の音楽の授業は作曲をやるみたいだよ」と予告してもらった。あわせて教科書の作曲の部分も読んでくるように伝えてもらった。「え～無理でしょ」という反応だったらしい。当日，子どもは緊張した様子で音楽室にやってきた。教師の説明の場面（教える）では4年生で学習したおなじみの「さくらさくら」を取り入れ，教師がリコーダーで演奏して説明に入っていった。「なるほど，5つの音しか使ってないんだね」と，五音音階はすぐに理解できた。安心した表情になってきた。

　理解確認の場面では特にゆっくり，ていねいに説明していった。「今日は初めての作曲だから，五音音階の2音か3音選んで作っていくことにしましょう」と言い，教師は即興で作った曲を歌い，子どもにリピートさせた。リズムパターンも1拍が4分音符（最後の拍は4分休符）という指定にした。子どもから「やり方がわからない」という不安要素を一つ一つ取り除いていった。理解確認では，2音で曲を作るパターンをフ

ラッシュカードによりどんどん子どもに提供した。例えば「ミラミラミラミ（2音）」だとしたら，教師が歌ったあとに子どもがリピートをして音階唱で歌う。4パターン提示したあとはリコーダーでも演奏させた。「五音音階の中の2音使って作曲したことになりますね」と確認した。同じように「ミラミラミラシ（3音）」の練習も行った。「できそうですか？」と子どもに確認をした。「作れるかどうか心配です」と，まだ不安そうな子どもがいた。すかさず「今日はペアで学習していいんですよ」と言い，ここまでで子どもの不安要素もすっかり取れたようだ。

いよいよ，理解深化として，本題の活動に入る。学習カードと黒板に掲示されているルールを参考にしながら活動を進める。本時は「ペアで1つの曲を作っていく」ということで，すべての子どもが意欲的に創作活動に取り組むことができた。教師は「五音音階の2音か3音を使うこと」「フレーズの終わりの音はミかシか高いミであること」「リコーダーで吹いて確かめながら作り，まとまりのある曲になっているかどうかペアで相談すること」の3点をポイントにして机間指導を行った。3点のポイントができていたら赤丸をしてあげることで，子どもは安心して2曲目の創作に進んだ。また，2曲，3曲と作って作曲に慣れてくると，自然と「五音音階の4音または5音使って作れた」になった。すかさず誉めて大きな赤丸をした。

リズムパターンに関して，音符の種類を「どうしても伸ばしの音符を使いたい」とか「8分音符を使いたい」という子どもが出てくる。曲作り第1時間目なのでそういった質問をしてくる子どもはわずかだったが，それもよしとした。次時へつながってくる。

20分ほどの時間であったがクラスで作曲した総数は60曲となった。そのうち4曲はフレーズの終わりの音が違っていた。何曲か作っているうちにおもしろくなってきて，ルールの「フレーズの終わりの音はミかシか高いミ」という内容を忘れてしまったらしい。すべてのペアが作曲できたので，グループごとに発表し合ってみる時間を5分間取った。3点のポイントができているかどうかに焦点を当てて聴き合う活動とした。

ペアで作った曲がルールに沿ってできているかどうか確認した後は，いよいよ全体の前で今日作った曲を発表してみる時間を取ることにした。この時間も大切となった。「全員が2音か3音使ってまとまりのある曲を作れたこと」が次時への意欲につながっていく。子どもはペアでどんどんと発表していった。本時ペアで学習するのはどうなのか，ということも悩んだが，第1時間目はペアでの活動でよかったと思われる。

子どもの今日の授業でわかったことや感想として「最初はできないと思いましたが，ルールを守ってどんどんと曲を作ることができました。楽しかったです」とか，「意外

と簡単にできたので今度は5音使ってみたいです」というような意欲的な感想が出てきた。また,「日本の音階って5音しか使ってないのに,とてもきれいで落ち着くから不思議。次回は5音使ってもできそうです」という感想から,子どもが日本古来の音階の美しさを感じていることがわかる。また,4分音符以外の音符も使いたいという意欲も出てきていた。

　本時の後,第2時では五音音階の5音を使ってペアや個人で曲作りをしたり,作った曲をつなげていってクラスで1曲にしたりし,第3時ではこの単元のまとめとして作った曲を五線紙に書いて,6年次の創作活動につなげた。子どもは音楽室に飾られているベートーベン,バッハ,モーツァルトなどの作曲家の肖像画を見ながら,「あの時代の作曲家たちはたくさんの音を並べて作ってすごいと思います。でも自分たちもルールの中で作曲ができて楽しかったです」「日本の音階って親しみやすいし簡単に曲を作ることができてよかったです」と言った。たった2小節ではあるが,曲作りに主体的に取り組み,日本の音階に興味・関心をもつことができた単元だったように思う。

本時のワークシート(理解深化の部分のみ抜粋)

§18 図画工作／2年［ぼかし遊び］

魔法をかけて，生まれた世界は

●倉敷市立大高小学校 藤原亜紀子

① 学習内容と困難度査定

本題材は，図画工作科の第2学年の内容「A（2）イ 好きな色を選んだり，いろいろな形をつくって楽しんだりしながら表すこと」を受けて設定した。普段はしっかり色を塗って使うクレヨンや，黒板に文字を書くために使っているチョークを，こすったり型紙を使ったりしてぼかす方法を知り，自分がもつイメージをふくらませて絵に表現していく。

単元のねらいとしては，ぼかす方法や材料について知り，いろいろと試しながら空想を広げ，形や色を生かしてのびのびと表現していく姿を目指した。ぼかし遊びについては，幼稚園や保育園，家庭での経験に差があること，また，やり方がわかっても何を描けばよいか思いつかないといった子どもの実態を考え，手順をていねいにすることにした。教科書で簡単に紹介されている，「点や線をこする」「型紙を使う」の2点を取り扱うこととしたが，それぞれのやり方を試す時間を1時間とり，しっかりやり方を覚えたり遊んだりすることで，表したい世界をイメージできるようにした。

② 本時の展開と指導上の工夫

予習は，どんな活動をするのか教科書を読んでおくことだけ伝え，本時の導入でぼかし遊びの方法を演示して，興味を高めるようにする。そして，いつもとは違った特別な感覚をもって絵を描くことができるようにするために，「魔法をかけよう」を合言葉にしてぼかし遊びを行う。

理解確認として，ぼかし遊びを使って模様をつくる。いろいろな方法を試す，偶然できた模様を使って思いつくものを描き加える，など自由に表現できるようにする。

理解深化としては，できた模様からイメージをふくらませ，自分が気に入った形や色，雰囲気の模様を追究・発見できるようにする。

③ 本時の目標と授業案

目標 ●ぼかし模様を作る楽しさを味わい，模様づくりをいろいろ試しながらイメージをふくらませ，思いついたことを絵に描くことができる。

予習 ・教科書の該当部分を読み，どんな学習内容かイメージをつかむ。
（開隆堂『ずがこうさく1・2下　みんなおいでよ』平成27年度版, p.35）

●教師の説明 ▶▶▶ 10分

●ぼかし遊びの方法

①点や線をこする。

- 描画材料……クレヨン，チョーク
- こすり方……指で，ティッシュペーパーで
- ポイント……ぐるぐる，ぐるりん，ピンピン，ワイパーなど

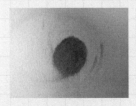
ぐるぐる
（円を描くように）

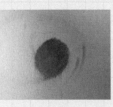
ぐるりん
（軽く回す）

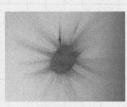
ピンピン
（はねるように）

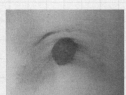
ワイパー
（横に行ったり来たり）

②型紙を使う。

- 型紙…………画用紙
- 形……………模様や形，動物，植物
- ポイント……外向きに，中向きに

外向きに
（型紙の外へぼかす）

ぐるぐる
（円を描くように）

- ●合言葉
  - ①**魔法をかける。**
    - ・指やティッシュでこするだけで，誰でも（絵を描くことが苦手な子も）できる。
    - ・思いもしなかったような世界が現れる。
  - ②**霧がかかったような不思議な世界**
    - ・想像を広げにくい子どももイメージがもてるように，「霧がかかったような世界ってどんな世界か，ぼかし遊びの後で教えてね」と伝えておく。
- ●注意点
  - ①**色は混ぜない。**
    - ・意味なく何でも混ぜたり何色も混ぜて黒くしたりする子どもがいると考えられることから，ぼかし遊びを生かすために基本的には混ぜないこととした。ただ，混ぜるときれいな色になったり，自分のイメージに合う場合もあったりするので，2色まで（濃い色2色は使わない）はよいことにする。
  - ②**型紙は単純なものにする。**
    - ・ぼかしてできた形や色が生きるように，できるだけ単純な型紙を作る。

● 理解確認 ▶▶▶ 35分

- ●ぼかし遊びで模様づくりをする。
  - ・友達と関わりながら活動を楽しめるように，班ごとに机を寄せて行う。
  - ・できた模様を見せ合い，こすり方のポイントや見えてきた世界を伝え合う（ペア学び）。
  - ・「霧がかかったような不思議な世界」はどんな世界か，自分の模様を使って説明する。また，他にも表せそうな世界について伝える。

● 理解深化 ▶▶▶ 40分

- ●できた模様から想像した世界を絵に描く。
  - ・ぼかし遊びでできた模様からイメージをふくらませ，思いついたことを描き足す。
  - ・「相談タイム」を設け，困っている子どもや尋ねたいことがある子どもに同じ班の子どもがアドバイスをしたり，教師が支援をしたりする。また，友達の表現でよいところや感じたことを伝え合う（グループ学び）。
  - ・自分が工夫したところや思い描いた世界について，題や説明を作品カードに書く。

● **自己評価** ▶▶▶ 5分

●友達の作品を見て，よさを伝え合う。
- 班ごとに作品を見せ合い，自分や友達の見つけた模様づくりの面白さ，つけ加えて表したもののよさに気づく。
- 伝え合いが終わった班から黒板に絵を貼り，魔法のかかったいろいろな世界を見て，ぼかし遊びの楽しさを味わう。

④ 授業の実際

　授業の導入で，黒板にはった画用紙に青いクレヨンで線をかき，「魔法をかけるよ」と呪文を唱えてティッシュペーパーでこすると，子どもは「わあ，きれい」「流れ星みたい」「やってみたい」と目を輝かせた。予習で学習内容がわかっていたり，経験から方法を知っていたりする子どもも，呪文をかけた後にぼかした線を見ると，ただの青い線だったにも関わらず流れ星のように見え，意欲が高まったようだ。

　興味がわいたところで，ぼかし遊びの方法を伝えた。こすり方によって見え方が違ってくることに気づくように，「ぐるぐる」「ぐるりん」「ピンピン」「ワイパー」など，こすり方のイメージが伝わるような言葉を使って実際にやって見せた。子どもは言葉とぼかしてできた模様がつながったようで，いろいろと試したいという思いをもつことができた。

　理解確認の場面では，普段絵を描くことに苦手意識をもっている子どもも，楽しんで活動できていた。できた模様を見せ合い，自分がどんなやり方でぼかしたか，また見えてきたのはどんな世界かを伝え合うことで，いろいろなぼかし遊びでできた模様や広がってきたイメージを共有できた。また，「霧がかかったような不思議な世界」はどんな世界か尋ねたところ，いろいろなキーワードが出た。「流れ星」「オーロラ」「虹」「シャボン玉」「風船」「夢の世界」「ぼんやり」「朝，夕方，うすあかり」「神様」「温泉」「火のまわり」など，多くの言葉が出てきたことで，

ぼかし模様の形からイメージがふくらまない子どもにとって，想像を広げる助けとなった。
　ただ，型紙を使ったぼかし遊びについては，やりたくてもどんな型紙を作ればよいのかすぐに思いつかない子どももいた。いろいろと試している子どもを真似したり，前に用意した型紙を使ったりすることでやり方はわかってきたが，型紙があるとかえって自由にのびのびと描けなくなってしまった子どももみられた。今回は2つのやり方を一度に試したが，紹介程度にとどめ，こする方法だけを使ったぼかし遊びにするとよかったかもしれない。
　理解深化の場面では，「相談タイム」を設けることで，想像を広げて描き足すことができにくい子どもにとって，イメージが広がるきっかけとなった。「優しい感じがするから，太陽もぼかしたら？」「これは時間はいつ？　夜なら，明かりになるものをつけ足したら？」「このうさぎやくまはどこにいるの？　ただの草原じゃなくて，お花畑に見える気がする」など，ぼかした形や色，雰囲気から感じたことを自由に伝えたり，見えてきた世界を話したりすることで，困っていた子どもも描き足すことができたのがよかった。教師の支援だけでなく，友達からもらったアドバイスや感想は，とても効果的だと感じた。
　図画工作科ということもあり，今回は振り返りを書くのではなく，作品カードに書いた後で班の鑑賞タイムをとり（自己評価の場面），伝え合いが終わった班から黒板に掲示した。全員の絵が黒板に並ぶと，「霧がかかったような不思議な世界」にもいろいろな世界があることに気づいたようだ。また，同じ虹の世界を描いた子どもでも，霧の中でぼんやり浮かぶ感じだったり，電気の役目をするものだったりして，表現の仕方や目に入ってくる感じが変わってくることに気づくことができた。「魔法をかけたら，いろんな世界が生まれたね」と投げかけると，「いや，まだまだあるよ」「もっと他にも描いてみたい」「家でもやってみる」と，やりたい気持ちがたくさんあることが伝わってきた。やり方の手順を説明したり，友達との伝え合いを入れたりすると，少し描く活動の時間が物足りなかったかもしれない。3時間で授業の組み立てをすると，もっと自由な発想が生まれたかもしれないと感じた。

［ぼかし遊び］2年／図画工作 §18

「きりのせかい」
鳥がきりのせかいをとび回っています。

「夕やけの海」
海と，太ようがしずんでいる絵をかきました。

「ふしぎなせかい」
星は，朝と昼と夜出てきます。にじは，明るいから電気のかわりです。

「お家がいっぱいあるせかい」
赤いたてものはしゅりじょうで，水色の山はふじ山です。

児童作品と児童自身による説明

§19 外国語（英語）／6年 [When is your birthday?]

基本文の一部を変えて表現する

●東京大学　市川伸一　　●八戸市立長者小学校　花生貴美子

① 学習内容と困難度査定

　本単元は，現行の学習指導要領の内容にある「外国語を用いてコミュニケーションを図る楽しさを体験する」「日本と外国との生活，習慣，行事などの違いを知り，多様なものの見方や考え方があることに気付く」を受けて設定した。ただし，次期学習指導要領では，外国語（実質的には英語）が高学年で教科化されることになっており，移行期も近いことを考慮し，何らかの習得目標を入れるように授業を構成した。

　単元の目標は，

＊月や誕生日を尋ねたり答えたりする英語表現を使い，積極的に尋ねたり答えたりしようとする。

＊文の一部を変えると，様々なことを尋ねたり答えたりできることを理解する。

という英語学習の態度面と知識・技能面の両方を考えている。具体的には，本単元では，"When is your birthday ?" "It is 〜." というやりとりを通して，1月から12月までの月名，1から31までの日付の英語表現に慣れさせることをねらいとしている。

　本時では，前時までの活動をもとに，"When is your birthday ?" と第5学年で既習の "What color do you like ?" を使用し，その一部を変えると様々なことを尋ねたり答えたりできることを理解させたい。英語はそのつど新しい文を丸暗記しながら学習するものと思って困難を感じている児童や，新しい意味内容を表現することに抵抗を感じている児童には，負担感を減らせるものと考える。また，表現することが得意な児童には，進んで文の一部を変化させてコミュニケーションしようとする態度を養いたい。これは，中学校の英語科へのスムーズな接続にもなると考える。

　なお，英語の発音に関しては，日本語にない音や，外来語と原語では発音やアクセントが異なるものには注意を促す必要があると思われる。ただし，一度に多くの指摘をすると負担が大きく，学習意欲をそいでしまうことにもなりかねないので，授業ごとに，その日のポイントとなる発音にとくに注意させることとする。

② 本時の展開と指導上の工夫

通常の授業は，文部科学省の提供する『Hi, friends! 2』に沿って行っており，本単元は"Lesson2 When is your birthday?"にあたる。授業の冒頭で，発音練習を兼ねて，月の言い方，日の言い方を復習する。教師の説明では，相手のお母さんの誕生日を聞いたり答えたりするには，基本文をどう変えたらいいかを教えて練習させる。理解確認として，いくつかの年中行事を示し，それがいつかを尋ねたり答えたりする練習を行う。

理解深化としては，基本文として，「何色が好きか」を表す"What color do you like?"を用い，「どの月が好きか」「どの行事が好きか」というやりとりに発展させる。また，今日の授業全体を通じて，発音ポイントに出てきた発音についてはしばしば注意を促すものとする。

ALT（外国語指導助手）としてイギリス出身の Peter Underwood 氏に加わってもらっている。「今日の発音ポイント」での発音のデモンストレーション，教師との対話の演示，小グループを回っての個別指導などを担当していただいた。また，授業前に，例文や発音などについてチェックをしていただいた。

③ 本時の目標と授業案

目標
- 基本文の一部を変えると様々なことを尋ねたり答えたりできることを理解し，簡単なやりとりができる。
- 発音については，「今日の発音ポイント」として，日と月にしばしば出てくる f, v, th の音に注意する。

予習
- 家族に英語で誕生日を尋ねてくる（母親がいる場合は，少なくとも母親に尋ねて答えを聞きメモしてくる）。

● 教師の説明 ▶▶▶ 15分

● 今日の発音ポイントとして，f, v, th の音をあげる。
- 「日本語にないカムカム」の発音。下唇をかむ f, v，舌の先をかむ th の音。日と月のリストを前面に貼って，ALT に教えてもらいながら一斉に口頭練習する。

● 今日の学習のめあてを確認する。「文の一部を変えて意味を変える」
- 友達のお母さんの誕生日を尋ねたり答えたりするためには，基本文のどこをどのように変えたらよいかをワードカードを使って説明する。

—— When is your mother's birthday?

—— It's September 5th.

—— September 5th. I see.

・今日の＜大切＞「文の一部を変えることで，意味の違う文をつくることができる」

●教師と ALT が演示したあと，4人グループの中でペアをつくり会話してみる。

● 理解確認 ▶▶▶ 8分

●「ちょっと応用」として，年中行事がいつかを尋ねたり，答えたりする。

・年中行事が行われる月日をワークシートに書いておく。

  Setsubun 2/3   Valentine's Day 2/14   Hinamatsuri 3/3
  Tanabata 7/7   Halloween 10/31   Christmas 12/25

・教師と ALT が演示する。

・4人グループの中でペアをつくり，練習する。全部できたら，ペアを変えて練習。

●今日の発音ポイントに気をつけているか，注意を促す。

● 理解深化 ▶▶▶ 17分

●別の基本文を使って，好きな月を尋ねたり，答えたりしてみる。

・第5学年で既習の "What color do you like？" "I like ～ ." を提示する。

・好きな月を尋ねたり，答えたりするには，どうすればよいかを考えさせる。

—— What month do you like?（これでもよいが，Which month がベター）

—— I like August.

—— You like August. I see.

・4人グループの中でペアをつくり，練習する。全部できたら，ペアを変えて練習。

●時間があれば，さきほどの6つの行事から好きな行事を尋ねて答える会話をしてみる。

●今日の発音ポイントに気をつけているか，注意を促す。

● 自己評価 ▶▶▶ 5分

●わかったこと，わからないこと，さらに考えてみたいこと，その他の意見・感想などを書く。時間があれば，数人に発表してもらう。

④ 授業の実際

　この授業は，2015年11月に，八戸市立長者小学校で行われたものである。児童たちは，大きな声を出して練習する態度が身についている。この日も，一斉練習やペアでの会話練習は，全体的によく声が出ていて，活気のある授業になった。

　しかし，日常的には，発音についての細かい注意はほとんどしていないために，カタカナ発音になってしまう傾向がある。これは，現在の小学校英語の授業でよく見かけることであるため，今回，発音のポイントを明示的に入れることにした。ALTのUnderwood氏も賛同し，ていねいに口の形などを演示してくれた。

　自己評価の「今日の授業で大切だと思ったこと」を見ると，大半の児童が，発音の指導に言及していた。

・カムカムの音で発音すること。それを意識すること。
・f, vの音は下くちびるを軽くカムこと，thの音は舌を軽くカムこと。日本語にはない音が大切だと思いました。
・カムカムの音が大切で，これを守って言うと，かっこよく英語が発音できる。

というような記述が多くみられた。また，会話練習において，しばしば注意したのは，「黒板やワークシートを見ながらではなく，できるだけ，相手の目を見て話そうね」ということで，これも印象に残ったようである。

　振り返りを発表する場面で，「what colorがwhich monthになったのは，月だからですか。食べ物はwhatですか，whichですか」というよい質問が出た。「漠然と好きな食べ物は何かを聞くならwhat，いくつかの食べ物があって，この中からどれが好きかを聞くならwhich。月の場合は，12個あって，そのどれですかという意味なので，whichにしたんだよ」と説明した。

　かなり盛りだくさんの授業計画ではあったが，口頭練習も十分できたので，児童の充実感は高かったようだ。次のような感想が得られたのはとてもよかった。

　「たん生日だけではなく，好きな月やイベントも聞いたりしてとても楽しかったです。こうやって聞けばいいんだなと，おどろきました。もっと会話を続けてみたいので，中学校での勉強が楽しみになりました。応用でむずかしいことをやってみて楽しいなと思ったので，これからもがんばりたいです」

When is your birthday?

Class (　　) Group (　　) No. (　　) Name (　　　　　　　)

今日の発音ポイント 日本語にないカムカムの音に注意！

f, v の音：　下くちびるを軽くカム ——— five

th の音：　舌を軽くカム ——— third

1st, 2nd, 3rd, 4th, 5th, 6th, 7th, 8th, 9th, 10th
11th, 12th, 13th, 16th, 20th, 29th, 30th, 31st

January, February, March, April, May, June
July, August, September, October, November, December

今日のめあて 文の一部を変えて，別の意味の文を作ろう

●知っておこう 文の一部を変えると，別の意味の文ができる

When is [your] birthday?　　When is [your mother's] birthday?
It's May 17th.　　　　　　　It's September 5th.
May 17th. I see.　　　　　　September 5th. I see.

＊ペアになって，会話してみましょう。

●ちょっと応用 一年間の行事を聞いてみよう

Setsubun 2/3　　Valentine's Day 2/14　　Hinamatsuri 3/3
Tanabata 7/7　　Halloween 10/31　　　　Christmas 12/25

＊ペアを変えて，練習してみましょう。

[When is your birthday?] 6年／外国語（英語） §19

● **チャレンジ** 好きな月を聞くには，どうすればいいだろう

| What color | do you like? | Which month | do you like?
—— I like blue.   —— I like August.
—— You like blue. I see.   —— You like August. I see.

＊できたグループは，表のページにある中から好きな行事を聞いてみましょう。
　（行事：event）

● **ふり返ろう**

1）今日の授業で大切だと思ったことは何ですか。

2）まだよくわからないことがあれば書きましょう。

3）ほかに，感想や意見があったら，ぜひ書いてください。

§20 道徳／6年 ［いろいろな立場から考える］

「泣いた赤鬼」を高学年で読み直す

●東京大学 市川伸一　●福島市立鎌田小学校 門馬いずみ

① 学習内容と困難度査定

　平成30年度（中学校では31年度）から道徳が「特別な教科」となることに伴い，議論が重ねられている。道徳教科化の議論の発端となったのは，いじめ問題がなかなか解消されないことから，規範意識を徹底させる必要があるのではないかということだったといわれる。しかし，潜在的には，学校における道徳の授業そのものに対する課題が古くからあったという問題もある。

　中央教育審議会では，教育課程部会のもとに道徳教育専門部会を設置し，その検討結果を2014年10月，「道徳に係る教育課程の改善等について」という答申にまとめた。そこには，「発達の段階が上がるにつれ，授業に対する児童生徒の受け止めがよくない状況にある」という指摘や，「児童生徒に特定の価値観を押しつけようとするものではないかなどの批判」があげられている（p.2）。その上で，「むしろ，多様な価値観の，時に対立がある場合を含めて，誠実にそれらの価値に向き合い，道徳としての問題を考え続ける姿勢こそ道徳教育で養うべき基本的資質であると考えられる」（p.3）としている。

　これは，いわゆる「徳目」として掲げた規範を遵守することを求める道徳教育を一新する内容である。答申でも，キーワードとなっているのは，道徳的価値，道徳性，道徳的実践力，などであり，「特別の教科　道徳」（仮称）の目標として，次のような一文がある。

　様々な問題や課題を主体的に解決し，よりよく生きていくために求められる資質・能力を育成するため，様々な道徳的価値について，自分との関わりも含めて理解し，それに基づいて内省し，多角的に考え，判断するという認知的な能力，道徳的価値の大切さを感じて，悪を憎み，善を喜ぶ道徳的心情，道徳的行為を行うための意欲や態度の育成などの各側面を重視することが必要と考えられる。（p.8）

つまり，多角的，相対的に考えつつも，自らの道徳的価値観を主体的に形成して，それを行動に移すことが求められているのである。こうした動きは，価値観の多様化した現代社会において望ましいものといえるだろうが，授業としては極めてむずかしいテーマである。目標は，1つの正解や立場を理解し獲得することではない。むしろ，より多面的に考え，他の立場に配慮しつつ，自分なりの根拠をもって判断や行動ができることを習得目標とすることになる。

　他者の立場に立ち，その気持ちを理解したり，異なる判断がありうることを考えるのは，子どもにとっては非常にむずかしいことであろう。しかし，日常生活や国語科での学習を通じて，そのような態度や能力は徐々に発達してきているはずである。道徳の授業では，さらにそれを促進するような機会を設ける必要があるのではないかと考えられる。

　ここでは，従来も道徳教材（あるいは国語教材）として，しばしば使われてきた「泣いた赤鬼」（浜田廣介著，初版1935年）を資料として用いることとした。インターネットで検索してみると，小学校2年から中学校3年まで広く使われており，多数の指導案が公開されている。一貫して，他者への思いやり，やさしさ，真の友情，自己犠牲の美しさなどを伝える物語として位置づけられている。

② 本時の展開と指導上の工夫

　「泣いた赤鬼」をすでに読んだことのある児童は多いであろうが，あらためて予習としてもう一度読み，赤鬼と青鬼の人物像，この物語の主題についてまとめてくることとする。教師の説明では，それぞれがもつ悲しい気持ちにも目を向けさせ，必ずしも幸せな結末ではないことを指摘する。理解確認として，これからどのような気持ちで赤鬼，青鬼が過ごすことになるかを各自で考えまとめていく。

　理解深化では，青鬼の提案（自分がわざと悪者になって，赤鬼がそれをこらしめるという芝居をすること）が，「友人のために自分が犠牲になるというすばらしい行為」とみなせるのかどうかを，多面的に考えさせる。ここは，「物語の続き」として，今度は逆に赤鬼のほうから青鬼のために村で暴れる役を演ずるという提案をしたことにし，よいことならお返しに同じことをするのもよいことのはずだが，こうした行為を続けることが単純によいこととはいえないのではないかという疑問を喚起したい。

　ここでは，最終的な結論は何かとか，どうするべきだったかということよりも，できるだけ多くの立場からみた意見を出し合うことを重視することを伝える。赤鬼，青鬼だけでなく，村人の立場，役割についても考えてほしい。

「泣いた赤鬼」概要

　山の中に，一人の赤鬼が住んでいた。赤鬼はやさしいすなおな鬼で，人間たちと仲良くしたいと思っていた。家に遊びに来てもらおうと思って，「お茶やお菓子もありますよ」という立て札も立てた。しかし，人間たちは赤鬼を疑い，おそれ，だれも訪ねてこなかった。

　赤鬼がとてもがっかりしているところへ，遠方から友達の青鬼が訪ねて来た。青鬼はわけを聞き，赤鬼のためにある提案をした。まず青鬼が人間の村へ出かけて大暴れする。そこへ赤鬼が出てきて，青鬼をこらしめる。そうすれば，人間たちは赤鬼を信用し，仲良くしてくれるだろうというわけである。

　青鬼のこの計画は成功し，赤鬼の家にはたくさんの人間が来るようになり，楽しいときを過ごした。しかし，日がたつにつれて，赤鬼は，あの日以来訪ねて来なくなった青鬼のことが気がかりになってきた。そこで，ある日，青鬼の住んでいた家を訪ねてみることにした。

　青鬼の家に着いてみると，戸はかたく閉じられており，次のような貼り紙がしてあった。「赤鬼くん，人間たちと仲良くまじめに付き合って，楽しく暮らしてください。ぼくがこのまま君と付き合っていると，人間は，君を疑うかもしれない。だから，ぼくはこれから旅に出る。けれども，僕はいつでも君を忘れない。さようなら。体を大事にしてください」。

　赤鬼は，何度もそれを読みながら，しくしくとなみだを流した。

③ 本時の目標と授業案

目標 ●ある行為の道徳的価値について，様々な人の立場から多面的に見ることができること。また，現実の世界では，単純に1つの視点から「よいか，悪いか」を判断できないことを理解すること。

予習 ・「泣いた赤鬼」を読んで，次を埋めてくる（授業前にいったん回収する）。

　赤鬼は（　　　　　　　　　）……人がらを表す言葉を入れましょう
　なぜなら（　　　　　　　　　）からです。……そう思った理由
　青鬼は（　　　　　　　　　）……人がらを表す言葉を入れましょう
　なぜなら（　　　　　　　　　）からです。……そう思った理由
　これは，何を伝えたい物語かというと，

（　　　　　　　　　　　　　　　　　　　　　　　）ということです。

● 教師の説明 ▶▶▶ 8分

● 予習で出てきた記述を紹介する（以下のような記述が予測される）。
  ・赤鬼は：やさしい，恩がわかる，人情がある，義理堅い
  ・青鬼は：やさしい，えらい，友達思いだ，他人を大切にする
  ・何を伝えたい物語か：やさしさ，思いやり，真の友情，自己犠牲，……
● それぞれが複雑な思いを抱いていることに考えを向けさせる。
  ・この物語には，悪者が出てこないのに，悲しい結末で終わっている。赤鬼も，青鬼も必ずしも幸せになっていない。それぞれにどんな悲しい気持ちがあるだろうか。
    赤鬼：さびしい，青鬼に悪かった，くやしい，村人とも心から楽しめない
    青鬼：さびしい，つらい，残念

● 理解確認 ▶▶▶ 7分

● それぞれのこれから先の気持ちを，いろいろ出す（個人と小グループ）。
  ・赤鬼のこれから先の気持ち　（　　　　）（　　　　）（　　　　）
    青鬼への感謝とともに，さびしさ，つらさ，申し訳なさ，村人と心から楽しめない，などもあることを確認する。
  ・青鬼のこれから先の気持ち　（　　　　）（　　　　）（　　　　）
    赤鬼のためになったという満足感とともに，友人と別れることになったさびしさやつらさがあることを確認する。

● 理解深化 ▶▶▶ 25分

● 物語の続き（仮想）として，以下のような話を追加する。

> 　赤鬼は，青鬼を探しに出かけて，やっと遠い村で見つけることができました。青鬼は，人間と友達にもなれず一人さびしく暮らしていました。そこで，赤鬼は，次のように言いました。
> 　「よし，今度はぼくが恩返しをする番だ。ぼくが，あの村であばれるから，君がそこに現れてぼくをやっつけるといい。そうすれば，人間が君と友達になってくれるよ」

●発問：もし，かつて青鬼がしたことがよいことならば，赤鬼が同じことをお返しにするのも，よいことのはずですね。もともと，「青鬼がわざと悪者になって，赤鬼がそれをこらしめ，村人と仲良くなる」というのはよいことだったのか，悪いことだったのか。皆さんは，どう思いますか。よいか，悪いかを，さまざまな立場からみて，できるだけたくさん出してください。

・よいか，悪いかを決める討論をするのではなく，4人ずつのグループ内で，両方を出し合い，最後には全体に発表してもらう。
・黒板には，ヒントとして「赤鬼の立場から」「青鬼の立場から」「村人の立場から」「その他」と書いておく。

●期待するいろいろな意見の例

【赤鬼の立場】

「赤鬼の立場からみれば，うれしい。ありがたい。青鬼のしたことはよかった」

「でも，赤鬼は幸せな気持ちになっていない。よくなかった」

「友達を犠牲にして，いい思いをしても赤鬼はうれしくないから，よくなかった」

【青鬼の立場】

「青鬼が，自分のことより，赤鬼の幸せを考えたのはよいことだ」

「青鬼は，赤鬼がどういう気持ちになるかまで考えていなかったのはよくない」

【村人の立場・その他】

「おかしい。よいことなら，お返しにするのもよいはずだが，こんなことやってたらまずい」

「村人をだましている。芝居の真相を知ったら怒るだろう」

「だますのは悪いが，そもそも村人が鬼を差別したのが悪い。鬼はかわいそう」

「村人も，それまで鬼に襲われた経験があるのでしかたがない」

●まとめ

人の立場や気持ちをいろいろ考えてみると「よいか，悪いか」は簡単に判断できない。だからこそ，正解はないけれども，人の立場を考えてみることは大切だ。

● 自己評価 ▶▶▶ 5分

●わかったこと，わからないこと，さらに考えてみたいこと，その他の意見・感想など。

④ 授業の実際

　この授業は，2016年5月，福島市立鎌田小学校で実施したものである。クラスの児童は28名であった。まず，予習のワークシートを事前に見たところ，大半の児童が，赤鬼と青鬼の人柄については，どちらも「やさしい」「友達思い」というようなことをあげており，この物語のテーマについては，「友達の大切さ」「友達にやさしくすること」などを書いていた。

　しかし，教師の説明で，「この物語は，悪者がいないのに，幸せな結末になっていない。赤鬼，青鬼は，どういう気持ちになったのだろうか」と投げかけた。理解確認の後に，全員に眼をつぶらせ，「今の，皆さんの正直な考えでいいので，青鬼がしたことはよかったと思うか，よくなかったと思うか」を挙手してもらったところ，「よかった」がゼロ，「よくなかった」が22名，「わからない／決められない」が6名となった。ここは，かなり教師の意図を推しはかって，判断が引きずられすぎたようにも感じられる。

　理解深化の討論では，はじめ考え込んでいる子どもたちもいたが，しだいにいろいろな意見がグループ内で出てきた。全体発表では，できるだけいろいろな立場に立った意見を出してもらい，板書にまとめた。その後，再び眼をつぶって，挙手してもらったところ，「よかった」が8名，「よくなかった」が16名，「わからない／決められない」が4名となった。

　第1回の挙手よりも分布が分かれたのは，それとしてよかったが，むしろ，多面的に考え議論することで「わからない」が増えてもよかったと思っている。教師からは，「よかったかどうかは，皆さんが大きくなるとまた変わるかもしれないし，変わってもかまわない。あらためて，いろんな立場から考えてみましょう」ということで締めくくった。

　ただし，振り返りでは，「いろいろな立場」ということに言及していた児童は約半数であり，「やはり友達は大切だ」という記述にとどまる児童も多く，本時のねらいが子どもにどれだけ伝わったかという点では課題も残された。発表時に，それぞれの立場を1つずつていねいに取り上げて，焦点化した議論を進めるほうがよかったかもしれない。

Part 3

実践校の取組レポート

教師による的確な説明と理解確認の工夫 §1
[北海道] 室蘭市立八丁平小学校

自立した学習者の育成 §2
[東京都] 品川区立第二延山小学校

「教えて考えさせる授業」で国語・算数の学力向上を実現 §3
[沖縄県] うるま市立宮森小学校

課題の難易度を下げずにすべての子どもがわかる授業を目指す §4
[大阪府] 貝塚市立東山小学校

§1 [北海道] 室蘭市立八丁平小学校

教師による的確な説明と理解確認の工夫
―「説明の基本型」を提示し,子どもの説明力を育成―

●室蘭市立八丁平小学校 難波茂伸

① 「教えて考えさせる授業」導入の経緯

(1) これまでの学校の実態

本校が「教えて考えさせる授業」に取り組み始めたのは,平成24年度からである。それ以前は国語を中心とした主題研究を進めていたが,目に見える成果は感じられなかった。全国学力・学習状況調査をみても,全国平均には遠く及ばず,学力不振にあえいでいた。

(2) 「教えて考えさせる授業」との出会い

そのような状況の中,出会ったのが「教えて考えさせる授業」である。前校長の勧めにより学校全体で取り組むことにした。

学|校|紹|介 本校は平成28年の10月に開校20周年を迎える。室蘭市の北部高台に位置し,新興住宅地として発展し,新しい街づくりが急速に進んだ地域である。自然も豊かで,学校菜園での野菜作りや,周辺にある空き地での昆虫採集には困らない。

市内では小中学校の統廃合が進み,スクールバスでの登校が多くなってきてはいるが,本校は数少ない徒歩通学の地域である。1時間ほど歩いて登校してくる子もいる。

校舎は,オープンスペースや床暖房,上下スライド式黒板が充実し,スクール児童館も隣接されている。

平成28年4月現在で,児童数478名。室蘭市内では大規模校であり,市内をリードしていく決意で研究を推進している。

まずは研修部が中心となり，「教えて考えさせる授業」を紙面で説明した。当然，紙面だけでは理解してもらえない。

　次に行ったのは，教員全員によるDVD学習会である。我々教員は実際の授業を見ることが大切である。DVDで実際の授業の様子を見て，感想を交流した。

　次は，研修部長による模擬授業である。教員を児童役として行った。模擬授業後の協議では，「教師の説明が長くてわかりづらい」「ペアでの説明がよい」「理解深化での誤答修正問題がおもしろかった」など，活発な話し合いとなった。この模擬授業を通して，一気にイメージの共有が進んだのである。

(3) 先進校からの学び

　これで「教えて考えさせる授業」を研究主題に掲げ，研修を推進することになった。しかし，全員に不安が残る。それは，生の授業を参観したことがないからだ。そこで，先進校の1つである，八戸市立長者小学校を視察することにした。

　授業を参観し，「教えて考えさせる授業」の素晴らしさを目の当たりにした。帰校後，録画した授業を視聴することにより，全教員が明確な授業イメージをもつことができた。本校にとって，先進校への視察が大きな第一歩となった。

(4) 研究への取組

　平成25年からの3年間，毎年，市川教授を招いて公開研究会を実施した。毎回100名を超える参加者で，近隣校では近年まれにみる多くの参加となった。北海道でも「教えて考えさせる授業」への注目が高まってきていると感じた。

❷ 校内の体制づくり

(1) 本校の研究主題

> 豊かな学びをする子の育成
> 〜確かな学力の定着を目指した，「教えて考えさせる授業」の実践研究〜

　豊かな学びを「自分の考えをもち，表現し，仲間と共に高めあう学び」，確かな学力を「基礎的・基本的な知識・技能の習得やそれらを活用して課題を見いだし，解決するための思考力・判断力・表現力」と定義し，「教えて考えさせる授業」の実践研究を行っている。

(2) 公開授業体制

年3回，各ブロック（低・中・高学年）の代表1名が授業公開を行い，「教えて考えさせる授業」に関する実践研究を行っている。三面騒議法による研究協議を行い，学校全体の成果と課題を明らかにしている。本校として大切にしているのは，三面騒議法後の全体交流である。グループワークだけでは，共通理解とはならない。全体交流を大切にし，グループワークの意見を吸い上げることを重要視している。

③「教えて考えさせる授業」の実践

(1) 八丁平小学校バージョン

日常の授業の中で「教えて考えさせる授業」が実践できるように，本校では「『教えて考えさせる授業』八丁平小学校バージョン」を作成した。

段階		概　要
教える	確認	・教科書を読んでおく。問題を解いてみる。 ・わからないところに付箋を貼る。 ・本時の目標達成に必要な知識・技能を確認するために，問いかけたり，フラッシュカードなどを用いたりする。
	教師の説明	◆「考えさせる」ために必要な知識・技能を教える。 ・具体物や映像（アニメーション）を見せる。 ・いろいろな例をあげて説明する。 ・比喩を使って説明する。 ・操作活動を取り入れる。 ・比較させる。 ・教科書を音読する。
考えさせる	理解確認	◆「理解深化」のための足場を固める。 ・類似問題を解く。 ・数値のみを変えた問題を解く。 ・教科書の練習問題を解く。 ・教師が説明したことを，ペアなどで説明し合う。
	理解深化	◆ジャンプの課題・考えがいのある問題を提示する。 （問題・課題の例） ・間違い探し問題 ・穴あき問題 ・児童による問題づくり ・誤答修正問題

＊導入で，前時までの内容をフラッシュカードで確認することにより，本時の目標を達成するための足場を固める。

＊子どもに身につけさせたい知識や技能をわかりやすく教師主導で教える。一方的な説明ではなく，具体物やICT，対話的な説明，算数的な活動を通して，丁寧にわかりやすく説明する。

＊教師の説明だけでは，わかったつもり，生わかりの状態であることから，類似問題を解いたり，児童同士で説明し合ったり，算数的な活動を行ったりして理解確認し，確かなものとする。

| 自己評価 | ・誤答しそうな問題
・教科書などの発展問題，学力テストB問題
・小グループなどでの協同解決，討論
・試行錯誤によりコツを体得
◆**より深い理解を目指すとともにメタ認知を促す。**
・大切に思ったことなどを書く。
・チェックリストへの記入や挙手による振り返りを行う。
・個人で問題を解く。 |

誤答修正問題，誤答しそうな問題，発展的な問題など深い理解を導く理解深化課題を設定し，身についた知識や技能を活用する学習活動に取り組ませる。また，協同的な学習の理念を取り入れ，学習形態を工夫し，一人一人の学びを保障するよう配慮する。

授業を振り返ることにより，「何を学んだのか」「何が大切だったのか」「まだ，わからないことは何か」を考えることができる。自己評価を行うことにより，より深い理解となる。

(2) 各指導過程の実際

①教師の説明

本校でも，子どもに身につけさせたい知識や技能を，わかりやすく教師主導で教えている。一方的な説明ではなく，具体物やICT，対話的な説明，算数的活動を通して，丁寧にわかりやすく知識や技能を伝えるよう心掛けている。

しかし，壁にぶち当たった。丁寧にわかりやすく説明すればするほど時間が足りなくなる。一方で，時間を短縮しようとすると必要な知識や技能を伝えきれず，理解深化段階で混乱してしまうというジレンマが起こった。

そこで，「教材の工夫」「算数的活動や作業的活動の工夫」「ICTの工夫」をキーワードに説明段階を行っている。また，指導案の中に「説明のまとめ」を記入し，教えたい知識や技能をより明確にしている。

②理解確認

教師の説明だけでは，「わかったつもり」「生わかり」の状態である。基礎的な知識や技能をより確実に習得させるためには，それらの知識や技能を「行為化」させなければならない。行為化することで知識・技能が向上する。ここでいう行為化とは，類似問題に取り組んだり，ペアで説明するなどの言語活動を行ったり，算数的活動を行ったりすることである。

子どもに説明させる際には，教師から「説明の基本型」を提示することを原則とした。そうすることで，子どもが確実に説明できるようになってきた。

③理解深化

 身につけた知識や技能を足場に理解深化問題に取り組ませる。児童にとって「考えがいのある問題」「ジャンプの課題」になることが重要である。理解深化問題を通して，「生わかり」の状態から「本わかり」となる。

 全員の学びの保障と，より深い理解のため，協同学習の理念を取り入れてグループ学習を行っている。気をつけたいのは，グループ学習が目的ではないということだ。

 本校では，杉江修治氏の『協同学習入門』（ナカニシヤ出版）の中で紹介されている，ジョンソン兄弟によって開発された協力学習法の5つの基本要素を以下のように簡略化し，授業の中に取り入れている。

協同学習　5つの基本的要素

・活動がお互いのためになっているか？（促進的相互依存関係）
・全員参加か？（対面的な相互作用）
・関わり合いがあるか？（個人の責任）
・盛り上がっているか？（対人技能や小集団の運営技能）
・よりよいものを求めているか？（集団改善手続き）

---

④自己評価

 最後の指導過程では，授業で学んだこと，大切に思ったことなどを振り返ったり，学んだことを振り返る問題を行ったりする。振り返りは，原則として個人で行う。

 授業の最終目的は，個人による習得・活用，つまり「強い個人」を作ることである。当初は，「どのように振り返りをすればいいのかわからない」という声が，子どもからも指導者からも挙がってきた。そこで，右のような「振り返りのポイント」を掲示した。これで振り返りやすくなり，深い学びを達成できるようになった。

算数ふりかえり名人

どんなことを書こうかな
○わかったこと。大切なこと。
○できるようになったこと。
○自分の頑張り。
○わからないこと。

これができたら上級者
○前の学習とのつながり。
○似ているところ。
○違うところ。
○生活の中で役立てられそうな場面。

 また指導案には，指導者が理想とする振り返りを記述することにしている。これにより，評価規準が明確となり，日々の振り返りを積み重ねていくことで，記述の質が高まっている。

⑤研究を下支えする取組

本校は,「教えて考えさせる授業」の研究だけではなく,充実した授業づくりのために様々な取組を行っている。

その1つが,学習規律の定着である。小中連携の一環として,同じ中学校区で学習規律の定着を目指している。月別の重点目標を設定し,月末に子ども自身が学習規律を振り返っている。

また,ユニバーサルデザインを取り入れた授業づくりにも取り組んでいる。「配慮を要する子にとっては,"ないと困る"支援。どの子にも"あると便利で役に立つ"支援」をキャッチフレーズに授業づくりを行っている。

例えば,右の写真のような実物投影機を用いたノート指導である。子どもと同じ形式のノートをテレビ画面に写して指導していく。

また,聴覚過敏の子にとっても静かな環境で学習ができるように,すべての学年の椅子にテニスボールを取りつけている。ペア学習やグループ学習の椅子移動の際に騒音が少なく,静寂のなかで授業を行うことができる。

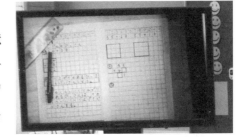

実物投影機を用いたノート指導

(3) 実際の授業

① 2年生算数科　三角形

・本時のねらい　直角三角形を作ったり見つけたりする活動を通して,直角三角形の定義を理解することができる。

段階		学習活動	備考（○留意点　＊形態）
教える	確認	・前時の学習をフラッシュカードで振り返る。	○正方形と長方形の定義の再確認をする。
	教師の説明10分	・問題を読む。 長方形や正方形の紙を線のところで切ってできる形をしらべてみよう。 ・学習課題を確認する。 切ってできた三角形についてしらべよう。	○デジタル教科書を使用して,わかりやすく題意を説明する。 ○長方形や正方形を半分に切る操作を例示し直角三角形を作ることをイメージしやすくする。 ○長方形を切ったもの,正方形を切ったものを1つずつ持ち,かどや辺などに着目させ,共通することを考えさせる。

		・切った三角形について気がついたところを発表する。 　・かどが3つあります。 　・辺が3つあります。 　・直角があります。 ・かどの形を確認する。 　・どの三角形にも直角があります。 ・三角定規でも確認する。 ・直角三角形の定義をまとめる。 （説明のまとめ） | 1つのかどが直角になっている三角形を直角三角形といいます。		○児童の反応を受けながら，1つの角が直角であることを確認する。 ○実物投影機を用いて一緒に三角定規を当てて確認する。
考えさせる	理解確認 10分	・類似問題で理解確認を行う。 直角三角形をみつけましょう。 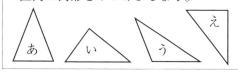 ・4つの三角形の中から，直角三角形を見つけ出し，ペアで説明し合う。 （正解：い，え） （説明の基本型） ～は1つのかどが直角になっている三角形なので，直角三角形です。 ・全体で確認する。	（＊個別学習） ○問題が早く解けたら，説明の練習をするように伝える。 ○「説明の基本型」を確認し，直角三角形の定義に合った言葉を使うようにする。 （＊ペア学習）
	理解深化 15分	・理解深化問題を行う。 （チャレンジ）次の図のなかに直角三角形は何こありますか。 わたしは，直角三角形を（　　）こ見つけました。 はじめに，この形はかどが直角になっている三角形なので，直角三角形です。 つぎに… ・ペアで交流する。 ・全体で交流する。	（＊個別→ペア学習） ○見つけた三角形をわかりやすく説明することができるように同様の図形を4つのせたワークシートを用いる。 ○考えの進まない子には，「三角形はどれか」「直角はどこか」を考え，見つければよいことを助言する。

段階		学習活動	備考
	自己評価 10分	・自己評価をする。 直角三角形は，1つのかどが直角になっている三角形だということがわかりました。（振り返りのイメージ）	○授業でわかったことや，もっと知りたいことを自分の言葉で文に書かせる。

②3年生算数科　あまりのあるわり算

・本時のねらい　あまりは，いつもわる数より小さくなることを理解できる。

段階		学習活動	備考（○留意点　＊形態）
教える	確認 3分	・前時の学習（あまりのあるわり算）を振り返る。	○フラッシュカードでテンポよく確認する。
	教師の説明 12分	・問題を読む。 4人ずつ組になってダンスをします。人数が19人のとき，何組できて，何人あまるのかをもとめるのに，つばささんとみらいさんは，下のように考えて計算しました。2人の計算をくらべてみましょう。 ・学習課題を確認する。 わる数とあまりの大きさについて考えよう。 ・2人の計算をくらべ，つばささんの考えの何が違うのかを説明する。 （つばささん） 　19÷4＝3あまり7 　　3組できて7人あまるよ。 ・つばささんの考えの何が違うのかを説明する。 　19÷4＝3あまり7 　　　↓ 　19÷4＝4あまり3 ・あまりとわる数についてまとめる。 （説明のまとめ） あまりは，わる数よりも小さくなります。	○デジタル教科書を使用して，わかりやすく題意を説明する。 ○一方的な説明ではなく，児童とのやり取りの中で説明していく。 ○「7人あまっているのはおかしいです。なぜなら，4人1組なので，もう1組作れます」と説明を板書し，説明の基本型を全員に理解させる。 ○あまりはわる数より小さくなることを文章問題の具体的な事例を用いて説明する。
考えさせる	理解確認 10分	類似問題を行い，理解確認を行う。 ①9÷2　②42÷5　③61÷7 ④70÷8　⑤43÷9 ・全体で確認する。	（＊個別学習） ○デジタル教科書でよりわかりやすく確認する。

段階	学習活動	備考（○留意点　＊形態）
理解深化 15分	・理解深化問題を行う。 26このあめを，1人に3こずつわけると，7人にわけられて，5こあまります。この考えは正しいですか，正しくないですか。正しくないのなら理由を説明しましょう。 ・全体で交流する。	（＊個別学習→グループ学習） ○グループ内でよりよい意見を相談し，ホワイトボードにまとめさせる。
	・自己評価をする。 わる数よりあまりの数の方が小さくなることがわかりました。（振り返りのイメージ）	○振り返りのポイントを提示し，振り返りを行う。

③ 5年生算数科　分数

・本時のねらい　（分数）÷（整数）の計算の仕方の意味を説明することができる。

段階		学習活動	備考（○留意点　＊形態）
教える	教師の説明 15分	・問題を読む。 3dLで4/5m²ぬれるペンキがあります。このペンキ1dLでは何m²ぬれますか。 ・学習課題を確認する。 分数÷整数の計算の仕方を考えよう。 ・立式し，計算の仕方を説明する。 ①1m²の面積図に4/5m²だけ色を塗る。 ②3等分する。 ③答えとなる部分を面積図で確認する。 ④1つ分の大きさを表す式を考える。 　1を15（5×3）等分した1つ分 ⑤1/15が4つ分だから，4/15 　4/5÷3＝4/15　答え 4/15dL ・計算の仕方についてまとめる。 （説明のまとめ） 分数を整数でわるには，分子はそのままで，分母にその整数をかけます。	○数直線を用いて，わかりやすく題意を説明する。 ○面積図に色を塗らせることと等分させる作業を通して，計算の仕方を説明する。 ○計算処理に重点を置くのではなく，「なぜわる整数を分母にかけるのか」という意味を確認しながらまとめる。
考えさせる	理解確認 15分	・類似問題を行い，理解確認を行う。 ①5/7÷3　②1/3÷2 ③5/6÷4　④2/5÷4 ・ペアで計算の仕方を説明しあう。 ・全体で計算の仕方を確認する。	（＊個別学習） （＊ペア学習）

理解深化10分	・理解深化問題を行う。 　2/3÷4 　面積図を使って，計算の仕方を説明し，答えを出しましょう。 ・グループで交流する。 ・全体で交流する。	○まずは個人で取り組み，その後グループ交流とする。 （＊個別学習→グループ学習） ○グループ交流では，面積図を使って説明しあうことを意識させる。
自己評価5分	・自己評価をする。 　面積図を用いて，分数÷整数の計算の仕方が説明できるようになりました。 　（振り返りのイメージ）	○振り返りの観点を提示する。学習内容の理解などを見取る手がかりとし，次時以降の授業改善につなげる。

❹ 取組の成果と今後の課題

（1）成果

- 「教えて考えさせる授業」の実践を通して，すべての指導者がどんな教科においても，子どもに身につけさせたい知識や技能を的確かつ端的に説明し，児童の活動の時間を確保するという授業設計方針が確立してきた。
- 平成26年度の全国学力・学習状況調査では，すべての科目において全国平均を大きく上回った。
- 「説明の基本型」を繰り返し指導することで，無回答率が激減した。
- 他教科でも協同学習が広がり，全員に学びを保障することができている。
- 国語科でも「教えるべきこと」が明確になり，全国学力・学習状況調査や標準学力検査（CRT）で各学年のポイントが上昇してきている。
- 本校をきっかけとして，市内の小中学校3校が「教えて考えさせる授業」の取組を始めた。市内に広がってきている。

（2）課題

- 説明場面や思考場面に時間が確保されている一方で，反復練習の時間が十分確保できず，計算力の低下が懸念されている。
- 理解深化問題が本時のねらいに適している問題なのか，いつも課題となる。

§2 [東京都] 品川区立第二延山小学校

自立した学習者の育成
—学習のつまずきから考える指導の工夫—

●品川区立第二延山小学校　小泉一弘・本永啓子

① 「教えて考えさせる授業」導入の経緯

　本校は，品川区内でも学力の高い学校といわれてきた。児童の学習規律も整い，どんな学習に対しても熱心に取り組んでいる。文部科学省「全国学力・学習状況調査（第6学年）」，東京都「児童・生徒の学力向上を図るための調査（第5学年）」，品川区「学力定着度調査（第4学年）」における本校の算数科平均正答率は，それぞれ全国・東京都・品川区の平均正答率を常に上回ってきた。各種学力調査結果の数値（平均値）的側面だけからみれば，学力向上に課題のある学校であったとはいいがたい。

　しかし，日々学習に取り組む児童の実際の姿から，多くの教員が「このままでよいのだろうか」という問題意識を抱えていた。都市部の学校に共通する現象とも考えられることだが，本校児童の通塾率の高さの結果，新しい単元の学習内容でも，すでに塾で教わっていて，問題の解き方や答えを知っている児童が多く存在する。高学年においてはその傾向が顕著で，学級の大半の児童が「もう知っている」と考えているような場合さえあった。

　このような実態の中で，2つの問題が浮き彫りになってきた。第一の問題は，学習意

学校紹介　本校は，東京府荏原郡第二延山尋常小学校として，昭和3年に創立した。現在，児童数は600名を超え，学級数は18学級であり，品川区内では大規模な学校の部類に入る。駅や商店街，幹線道路からも近いが，比較的閑静な住宅街に位置している。
　「自学共生」を校訓とし，教育目標である「進んで学習する子」「協力し助け合う子」「心も体もたくましい子」を育成すべく，教育活動に取り組んでいる。3人の学級担任に専科教員1名を加えた「学年団システム」，生きてはたらく「言葉の力」を育む取組，「なかよし班活動」などは，本校の特色ある教育となっている。
　保護者・地域の学校教育に対する関心は高く，協力的である。学習活動の様々な場面において，ゲストティーチャーやボランティアとしてその人材を活用できている。また，運

欲や学習観に関するものである。学力上位層の児童は「もう知っているから」という理由で，一方，学力下位層の児童は「どうせわからないから」という理由で，それぞれが十分に学習意欲を高めることができずにいた。また，問題に向き合った時に，ただ早く正答を求めることばかりに意識が向き，考えの説明や学び合いを重視できない児童が多いということもあった。

　第二の問題は，上記のような状況で問題解決学習を行っても，学力の差は開く一方であるという点である。実際に各種学力調査の結果からも，平均正答率は高いものの，上位層と下位層の差が大きく，学力の二極化傾向が認められた。

　プロセス重視の学習観をもたせて児童の学習意欲を高めること，学力の二極化傾向を解消することという2点が本校の課題として明らかになった。課題解決の方法を模索する中で，市川伸一教授の提唱される「認知カウンセリング」や「教えて考えさせる授業」に出会った。「新出事項のうち基礎的なことは教師がわかりやすく説明した上で，後半はより深い理解や高い問題解決を目指す」という指導法は，本校の課題解決に最適の方法だと考えられた。そこで，平成26年度より「自立した学習者の育成～学習のつまずきから考える指導の工夫～」を研究テーマに，市川教授の指導を受けながら「教えて考えさせる授業」の実践に取り組み，今日に至っている。

② 校内の体制づくり

(1) 研究組織

　校内に研究推進委員会を置く。研究推進委員会には，各学年団（学級担任3名と専科教員1名）から1名以上が在籍する。

　研究推進委員は，各学年団の意見を集約して研究推進委員会に提案するとともに，研

動会やもちつき大会などの学校行事を学校とPTAの共催という形で行い，保護者・地域との連携を深める機会ともしている。

　平成26・27年度には品川区教育委員会研究学校の指定を受け，算数科の指導について実践と検討を重ねてきた。平成27年11月13日には，品川区教育委員会研究学校研究発表会を開催し，350名を超える参会者に向けて，研究の成果を発表した。

究推進委員会における検討・決定事項を各学年団に周知する。また，「研究だより」の発行を通して研究授業後の協議内容や研究推進委員会での決定事項をまとめ，周知・確認する。

研究推進委員会には管理職も参加し，研究の方向性について指導・助言する。

(2) 研究全体会（研究授業）

研究授業は，年間6本行う。授業提案は学年団が基本となって行うが，第3学年以上は，算数習熟度別少人数指導加配教員も授業者に加わる。

授業後の協議会では，三面騒議法により提案の成果と課題を小グループで明らかにする。次回授業提案する学年団は，この成果と課題および講師の先生方からの指導・講評を踏まえて指導案を作成することで，研究を深めていく。

さらに，研究授業や日々の授業実践以外に，学期1回の自己申告授業においても「教えて考えさせる授業」に取り組み，検討した内容を授業で検証していく。

(3) その他

①講演会など

年度当初に市川教授を講師に招いて教職員対象の講演会を実施したり，市川教授の主催する認知カウンセリング研究会，「教えて考えさせる授業」セミナーにも教員が参加したりすることにより，「教えて考えさせる授業」についての理解を深める。

②「個別学習相談」研修会

児童のつまずきから指導を工夫していくことができるようにするため，夏季休業中に研修会を行い，認知カウンセリングの基礎を学ぶ。

③教育委員会との連携

品川区教育委員会研究学校の指定を受け，研究に取り組む。中間研究報告会や研究発表会，研究紀要の編纂などを通して，研究の成果と課題を校外に発信する。

③「教えて考えさせる授業」の実践

本校では，前述した課題を解消するために，まず，学習における教師と児童のあるべき姿をそれぞれ次のように定めた。

> 【教師のあるべき姿】
> ・1時間の授業の始めは，みんな同じスタートラインに立たせてから問題解決に取り組ませる。
> ・学習における児童のつまずきを把握し，授業展開に生かす。
> ・学習が苦手な児童は，解決への基本的な考えがわかり，得意な児童は，発展的な考えを深めることができる授業展開にする。

> 【児童のあるべき姿】
> ・学習内容や学習方法で自分がわからない部分を把握している。
> ・解法の説明をしたり，友達の説明を理解したりしようとしている。
> ・「もっと知りたい」「わかりたい」という意欲をもち，学びの楽しさを味わっている。

以上の点を踏まえ，1・2年生はクラスごとに，3～6年生は，習熟度別少人数学習における授業で実践を行った。授業の流れを次のように統一し，児童が見通しをもって学習に取り組めるようにした。

【授業の流れ】（児童の視点から）

① 予習……本時に向けて学習してくる。
② 知っておこう（教える）……本時の学習を「大事ポイント」としてつかむ。
③ 確かめよう（考えさせる）……②のことが理解できたか，類題で確認する。
④ 深めよう（考えさせる＆学び合い）……発展的な問題に取り組む。
⑤ 振り返ろう……本時について自分の学習の振り返りをする。

(1) 予習

算数の授業では一般に，教科書の問題を解くにも関わらず，「教科書は見ません。閉じておきましょう」と呼びかける授業がみられる。そこには，解法のヒントが載っているのに「見てはいけない」という意図が含まれる。これでは，児童が前もって学んできてはダメだと言っているようなものである。この"見せない"というのは，算数に苦手意識のある児童にとっては，とても辛いものだと考える。「授業内でしか考えてはダメ」と言っているようなものだからだ。苦手意識のある児童にとって，前もってその学習の内容を知っておくということは，その時間に自分が何を考えればよいか心構えができるということだ。つまり，その授業で自分が使える道具を用意できるのである。それはさ

ぞかし，心強いことだろう。

本校では，算数を苦手としている児童が少しでも「できる！」という自信をもって取り組めるように，この予習を活用した。

【予習の仕方】（児童）

その①　教科書の大事だなと思うところに印を付けてくる（下線を引いたり，付箋を貼ったりする）。

その②　本時に関わる既習事項を用いた問題を解く（教師自作の予習プリント）。

【予習の用い方】（教師）

その①　授業の導入で予習チェック　「今日の学習のキーワードって何だと感じた？」

その②　予習プリントの答え合わせ　「これまでの学習のどんなことを使った？」

(2) 知っておこう

例題（児童が予習で目にする教科書にあるもの）を通して，「なぜそうなるのか」という理由をきちんと説明する。教師の一方的な話，説明ではなく，児童とのやり取りの中で教えていく。

どうしてその公式となるのか，なぜその演算決定で合っているのか，具体物や図を用いて視覚的にも理解させたいところである。

この段階できちんと意味理解を押さえた上で，本時の学習で使える考えを「大事ポイント」として定着させる。

【知る】（児童）

・本時の要点を知る。

・問題解決のための方策の一端を知る（図のかき方，図を使っての説明の仕方など）。

・「なぜそうなるのか」を知る。

【教える】（教師）

・問題解決の方策を教える（説明の道具として使えるものを示す）。

・本時の問題解決で使える考え方を教える（全員を同じスタートラインに乗せ，次の問題解決に臨ませる）。

全員が本時の学習で必要な要素を知り，理解し同じ土俵に乗った上で，「考える」問題に取り組むことが大切だと考える。何でも「さぁ考えてごらん」と投げかけるのでは

なく，必要なことは教師がきちんと教えていくことが大事である。そうすれば，算数が苦手な児童でも解決のために使えるツールを的確に用いることができるのである。

算数が苦手だという児童の問題への取り組み方をみると，これまでに習ったことの情報量が多すぎて，問題解決のために使える考え方の取捨選択がむずかしい，ということも考えられる。本時に必要な考えを示すことで，教師側のねらいに沿った学習ができ，児童も「考える」時間を有効に使えるのではないか。だからこそ，教師が教えるべきことはきちんと教える姿勢をもつことが大事だと考える。

(3) 確かめよう

「知っておこう」で学んだことをもとに，類題を解いて，本当に理解できているか確認するのがこのステップである。

ここでは学んだことを的確に用いて自力解決する。ペアやグループでの説明活動を取り入れ，自分で解決したことを友達にも説明し，その理解を確実なものとさせる。

【ここで大事なこと】
- 自力解決をする。
- 友達に説明することで，自分でも"理解した"ことを実感する。

(4) 深めよう

ここでは，「知っておこう」の大事ポイントを活用できるような発展問題を用意する。教師が「この問題むずかしいよ」と投げかければ，解いてみたくなる，教師をあっと言わせたい，と思う子が多い。だから，このステップは意欲的に取り組む児童が多い。

しかし，単にむずかしければよいというのではなく，本時で学習した「大事ポイント」，要するに「知っておこう」の要素が使えるものであるべきなのである。

ここでは，個人解決ではなく，ペアもしくはグループで協同的に問題解決していくことが大事だと考える。1人の思考では行き詰まってしまうことも，友達と協議しながら解決への筋道を立て，論理的に解決していくことができる。協力して解決していくということは，互いの思考を補いながら学び合うということである。

話すという協議だけでは，児童が本当に理解しているのか教師側も読み取りづらい。かといって，書きながら，話しながらの学習は児童にとって，どっちつかずで中途半端な学習に陥りがちになる。そこで，本校では，「深めよう」の児童の学習プロセスとして次のような流れを提案する。

【学び合い】（児童）

①問題を見て理解し，解決へのプロセスを話をしながらつめていく（計画）。

②解決方法が決まったら，リレー方式で式や図に表していく（実践）。

　※本当に①の計画が互いに共有できているか，図や表から確認できる。

③再び言葉や式・図で，解決方法を説明する（報告）。

　※全体（グループ外）への共有と，本当に理解し自分の力となったか，自己確認と教師側の見取りができる。

「深めよう」は，児童の「解きたい！」という意欲を喚起する。教科書の学習だけでは物足りない児童（いわゆる学力上位層の児童）にとっては，学校の学習への意欲づけとなる。さらに，考えを説明することで，理解の定着も図れる。本校では，「言葉や図で考えを説明できるということは，児童自身が本当にその問題解決を理解できている」ととらえている。

また，学力下位層の児童にとっても，解ける喜び，挑戦する楽しさを味わえると考えられる。しかし，そのためには，ペアやグループの意図的な編成が必要である。発言力のある児童のみの活躍で問題解決をしていくことがないようにもしなければならない。だからこそ，上記のようなプロセスを踏んでいくことが大切だと考えた。

(5) 振り返ろう

本時の学習での自分の成果と課題を明確に振り返り，次への学習意欲をもたせるためには，この「振り返ろう」の時間の確保が必要である。

本校では以下の3点に絞り，毎回の学習の時間に振り返りを行った。

```
OK  ……今日の学習でわかったこと
 ?  ……今日の学習でわからなかったこと
↑↑  ……次，こんなことに挑戦してみたい，こんな問題を解いてみたい
```

振り返りは，児童と教師両方に次のような利点があると考えた。

【振り返る】（児童）

・自分のつまずきを認識できる。

・授業全体を振り返る機会となる。

・「わかったこと」で自信がつき，「わからなかったこと」「挑戦したいこと」で次への意欲が喚起される。

【振り返らせる】（教師）

・児童のつまずきを把握することで，次時の学習展開に生かすことができる。
　→児童のつまずきの早期解決を目指すことができる。また，どこの時点まで立ち戻るかの目安になる。
・授業展開の反省ができ，授業力向上へとつなげていける。

④ 授業外の研究活動

(1) 個別学習相談——児童のつまずきの発見

本校では，日常的な授業構成に生かすために，「個別学習相談」を実施してきた。

個別学習相談とは，児童の学習上のつまずきやその原因を明らかにし，児童が自らつまずきの解消を目指していくものである。本研究において「個別学習相談」は，児童にとっては，学習のつまずきを発見するための手立てであり，教師にとっては児童のつまずきを理解し，授業改善に役立てるという2つの側面がある。

1・2年生は，放課後に学級担任が，3～6年生は希望者もしくは担任からの指名により，放課後に東京大学大学院生などが個別学習相談に当たった。

(2) 指導案検討——授業のねらい，説明，課題の吟味

「教えて考えさせる授業」の展開は，私たち教員は手探り状態だった。学年や研究推進委員会での指導案検討で行き詰まることもしばしばあった。そこで，東京大学市川研究室の先生方とメールによる検討会を実施した。実践者としての思いもあり，なかなか折り合いがつかないこともあった。

また，市川先生に来校していただき，指導案についてご指導いただいたこともあった。普段はメールでの指導案のやり取りだが，せっかく来ていただいたので，思う存分，授業者としての思いをぶつけた。「こんな理解深化問題をやらせたい！」「教える部分での教師の発話時間を抑えるには……」など，限られた時間の中，的を絞ったやり取りが行われた。学年を越えた縦の系統性を考えての指導計画の立案や理解深化問題の設定や，子どもたちに「こんなことを学ばせたい！」という思いで授業を組んでいくことの大切さを感じた。

なお，指導案検討に際しては，認知カウンセリング研究会や個別学習相談研修会で学んだ内容を指導に反映できるように，意識的に取り組むことに留意した。

多角形の内角の和を利用した深化問題とは？

指導案検討の様子

ここの理解確認では、ペア学習を行って理解できたか確認したいです。

(3) 授業後の協議会──三面騒議法による検討

本校では、年間6回行われる研究授業後の取組として、三面騒議法を実施してきた。授業者にとっても参加者にとっても、授業改善のヒントを得るための有効な方法の1つとして、本校でも2年間に渡り、実践してきた。

日々の授業改善のためには、授業を見ての建設的な批判はとても大事である。小グループでの意見交換なら、「自分ならこうする」「一部をこのように変えてみてはどうか」などの意見が出やすくなると考える。

(4) 校外への発信──研修会での実践報告と議論

研究発表会だけではなく、様々な機会を通して実践内容を発信し、研究の成果と課題を常に検討しながら授業改善に努めたいと考えた。そこで、5年生「合同な図形」の授業実践など、認知カウンセリング研究会において年間に3回程度の実践報告を行った。授業の様子をビデオで見てもらいながら、参会された研究者の方や現場の先生方とともに、今後の実践につなげるため、様々な観点から授業の課題を議論した。立場も校種も異なる人たちと、「子どもに実りある学習を提供しよう」と意見を交わした。

⑤ 取組の成果と今後の課題

(1) 成果

①児童の学習観の変化

予習をするようになってから、どのような視点で授業を受ければいいかを児童自身が前もって考えるようになったり、振り返りを行うことで、この前の自分と今日の自分の変化を児童自身が自覚できるようになったりした。

②思考過程を表現したり，説明したりするようになった

児童同士が学び合いの活動をする中で相手に伝わる説明の仕方を身につけた。また，考えの筋道を図や数直線などに表したり，それを使って説明したりできるようになった。

③学力の底上げ

平成25年度から27年度までの全国学力・学習状況調査の算数A問題の結果に顕著に表れた。本校と全国との平均正答率の差，本校と全国の標準偏差を比較すると明らかである。2年間で，平均正答率の全国との差は開き，標準偏差は小さくなっている。つまり，本校の学力下位層の学力向上により学力のばらつきが減り，本校全体の学力が上昇した。

（2）課題

①時間配分

「知っておこう」の学習がどうしても長くなっていた。研究を進めていく中で，「知っておこう」で習得した内容を活用する「確かめよう」や「深めよう」の時間の確保を十分にする必要があると考えた。

②協同学習の深め方

協同学習の目的は，お互いの学習を助け，高め合うことである。習熟度別学習を進める中で，協同学習を活性化するためには，意図的な小グループ編成をしたり，完全習熟度別学習ではなく，一部選択制にしたりするなどのクラス編成も大切である。

③協同学習の評価

小グループやペアでの学習では，意味理解できているかを確認させるため，話すことを重視している。しかし，話すのみだと本当に理解できているのか，教師側の見取りがしづらい。説明の根拠となる図をノートに残させるなど，協同学習中の評価の方法を検討していく必要がある。

§3 [沖縄県] うるま市立宮森小学校

「教えて考えさせる授業」で国語・算数の学力向上を実現
―教育委員会との連携を通して―

●うるま市立宮森小学校 山城博志

① 「教えて考えさせる授業」導入の経緯

　本校の校内研修の変遷を平成19年度から遡ってみてみると、平成19年度が「表現力を高めるための指導の工夫」（国語科の「話す・聞く」の指導を通して）、平成20年度が「読みの力をつけるための指導の工夫」（国語科の「読むこと」の指導を通して）となっており、国語に焦点をしぼって研究を進めている。その後、算数の指導方法の工夫に研究の方向性が移っていく。平成21年度は「活用能力を身に付ける指導の工夫」（算数科の「量と測定」の指導を通して）、平成22年度「基礎・基本の確実な定着と図活用力を育てる指導の工夫」（算数科の「数量関係」「量と測定」の指導を通して）、平成23年度「確かな学力の向上を図る学習指導の工夫」（算数科における活用力の育成を通して）となっている。

　各年度ごとにテーマが異なり、サブテーマもそれぞれであった。年度ごとに成果を上

学|校|紹|介　本校は、沖縄県うるま市石川にあり、沖縄本島で東西の間隔の一番狭いくびれた地形にある。石川岳からは東に金武湾、西に東シナ海が望める絶景で、海や山の自然に恵まれた地域である。

　宮森小学校は、旧石川市街地の北部、東の国道329号線と西の新バイパスの間に位置している。周辺には、石川ビーチや石川川及び石川岳などがあり自然に囲まれた学校環境である。また、校区には大型スーパーや社交街が多く立地している。近年は市街地の拡大化が進み、学校周辺にあった校区が北側（旭区）に拡大され、必然的に児童の通学距離、時間帯などに大きく影響している。同時に旧校区の児童数が減少傾向にある。

　在籍については、最近の少子化の影響で年々減りつつあるのが現状である。創立以来の児童数の変遷を大まかにみてみると、昭和20年から22年と昭和33年から38年をピークに、その後年々減少傾向を続けている。昭和20年に開校し今年度創立72年目を迎える。昭和34年6月30日、ミルク給食の時間に米軍ジェット機が墜落し、児童11名が死亡し、負傷者も多く出た。その後、7年忌に「仲よし

げ，課題解決がなされているのであればそれでよいのだが，それぞれの年度の研究が点として完結し，線や面となっていないところに課題があった。児童の課題（基礎学力の向上，活用能力の育成，表現力の育成など）解決のためには，1つの指導方法を学校全体で徹底し検証していくことが必要である。うるま市教育委員会では，各学校における指導方法の徹底として「うるま市具体的実践9項目」を提示し，全小中学校で実践するよう指導をしている。私はその当時，市教育委員会で「うるま市具体的実践9項目」の策定に関わってきたが，徹底させることが不十分で成果としては芳しくなかった。その中で，市川伸一教授の「教えて考えさせる授業」が実践9項目を線でつなぐ学習方法であることに気づき，成果がでるものと期待できた。教育委員会から異動後に勤務した2校の中学校では，数学科を中心に「うるま市具体的実践9項目」と「教えて考えさせる授業」を徹底してきた。各学校では，それ以前と比較して数学における生徒の学力の向上を確認できた。

本校は私が赴任する前の平成24年度から平成26年度まで「教えて考えさせる授業」をサブテーマとして研究・実践してきており，平成27年度で4年目となる。本校の課題は算数，国語の基礎学力の向上，活用能

うるま市具体的実践9項目

① ねらいを明示した授業の実施
② 教材・教具・説明の工夫
③ 板書の工夫
④ 言語環境の整備と言語活動の充実
⑤ 形成的評価（理解確認）と補習指導の実施
⑥ 習得したことを活用する場の設定
⑦ 自己評価の実施
⑧ 家庭学習と授業の連動
⑨ 学習習慣の確立

地蔵尊」が建立され現在まで毎年慰霊祭が行われている。

現児童数は398名，16クラス，職員数は34名である。子どもは大変素直であいさつもよくできる。朝のボランティア清掃は定着していて気持ちよく1日のスタートを切っている。地域の学校への関心も高く，フラワーメイト（花植など），朝の読み聞かせ，学習支援ボランティア，登下校の見回りなど，多くの地域ボランティアが学校を支援してくれる人材環境に恵まれている。

力の育成であるが，平成27年度の諸学力調査の結果から学力が向上してきたことが確認できた。例年，市の平均値を上回る結果を出せなかったが，平成27年度は市の平均値，県の平均値を上回る結果となった。これは，平成27年度も含め過去4年間，算数科を中心ではあるが，全校で徹底して研究・実践してきた結果だと考える。先生方の授業実践をみていると「教えて考えさせる授業」の流れが統一されて実践されており，児童においても自然な学習の流れとしてとらえられていると感じる。平成28年度も継続して研究・実践しているが，以下では平成27年度の取組を中心に報告する。

② 校内の体制づくり

「教えて考えさせる授業」については，さきに述べたとおり，4年目を終え，下記のような体制づくりができている。継続して実践を徹底していくためには，毎年の人事異動で入れかわっていく職員への共通理解・実践をどのように図っていくかが大切である。年度初めに今年度の研究・実践の組織体制と研究方針を全体で確認しスタートすることにした。

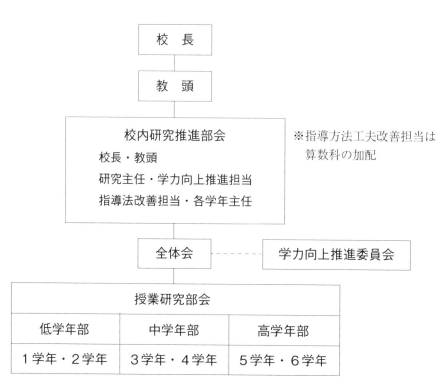

平成27年度　研究・実践組織図

(1) 研究方針

- 全職員の共通理解による円滑な研究の推進を図り，さらに研究の成果の共有化を目指すため，特に全体会の充実を図る（「教えて考えさせる授業」における全体会12回）。
- 推進部会は，校内研修の企画・運営について検討し，研究の推進を図る。
- 日々の実践を大切にし，教員一人一人が主体的に研修に取り組む心構えをもつ（各教員は年に最低1回の授業を公開することができた。今年度はうるま市授業研究会で国語，算数の授業公開，1月に市川教授を招いての公開授業を研究授業計画以外に実施し研修を深めることができた）。
- 子どもの実態を的確に把握し，計画，実践，評価・反省，改善を行い日常の実践に機能するようにする（全国学力・学習状況調査，県到達度テスト，市実力テスト，県Webテスト，各学期における単元テストなどの分析・考察を活かすことができた）。
- 原則として，全学年が研究授業を行い，授業研究会で深める（全学年実施できた）。
- 授業研究会や理論研究会では講師を招き，専門的な立場から指導助言を受け，研究を深める（2回は日程調整がつかず講師を招くことができず，校長，教頭で対応した。その他の授業研究会では指導主事，主事補で計画的に実施できた）。
- 全体研究は毎月第2・第4水曜日とする。
- 1カ年のまとめとして「研究報告書」を作成する。
- 学力向上推進委員会と連携し，研究及び研修を進める。
- 「うるま市具体的実践9項目」を取り入れた授業づくりを心がける。

(2) 各部会のリーダーシップの重要性

　年間を通して共通実践していくには，実施の状況や児童の実態を的確に把握し，指導方法を工夫改善していくためのRPDCAサイクルを確立することが必要である。そのためには，管理職を含め，研究主任，学力向上推進担当のリーダーシップが求められる。本校において取組が充実してきた要因は，研究主任，学力向上推進担当，各学年主任がそれぞれのリーダーシップを発揮したからにほかならない。それぞれが，それぞれの役割を理解し，児童の学力向上のために取り組んだおかげで，スムーズで実効性のある研究・実践ができたと考える。

③「教えて考えさせる授業」の実践

(1) 本校における「教えて考えさせる授業」

本校における教えて考えさせる授業では，以下の5点を重視している。
- 教科書を用いた丁寧な説明
- 予習確認のためのチェックカードの活用
- 小集団による教え合い活動や協同解決活動などの促進
- 理解を深化させるための発展的課題の導入
- メタ認知能力（自分が何を知っているのか，自分がどれくらいできるのかを自分で認知する力）の育成

(2) 研究・実践の方向性

以下の3点の方向性を全体で確認し推進していくことにした。
- 過去3年間の実践で流れが確立されてきた算数科で，「教えて考えさせる授業」の理論を基本として授業実践に取り組んでいく。
- 基礎的・基本的な知識及び技能の習得を図るとともに，習得した知識や技能を活用する学習活動の充実と学習形態や指導体制の工夫に努める。
- 思考力，判断力，表現力の基盤となる言語活動の充実を図る。

(3) 研究・実践目標

「教えて考えさせる授業」の実践を通して，基礎的・基本的な内容を確実に身につけさせながら，その知識や技能を活用する力を育てる授業を行うための手だてを実践的に推進する。

(4) 研究・実践仮説

- 「教える」段階において，新しい学習指導事項を丁寧にわかりやすく教えれば，基礎的・基本的事項を確実に定着させることができるであろう。
- 「考えさせる」段階において，新しい学習指導事項の理解確認が的確にでき，理解を深化させる課題の設定や場の工夫を行えば，活用力が育つであろう。

(5) 授業の各段階における工夫

研究・実践目標の達成のために各段階で次のような工夫をしてきたが、授業の流れを全体でそろえるために、めあて、＜大切＞、チャレンジ、ふりかえりの学習の流れを示す提示用短冊を作成し、「教えて考えさせる授業」で全員が共通で活用するようにしている。そうすることで、教師のみならず、児童も授業の流れが理解できてきた。

①予習（毎回ではないがさせる場合）

本時学習する内容についておおまかに見通しをもたせ、「わかったこと」「わからないこと」を意識させるために、学習内容の音読や意味調べ、文章問題へのライン引きやキーワード囲みの記入、立式、問題を解くなどをさせている。

②教師の説明

教材、教具、操作活動などを工夫した、わかりやすい教え方を心掛けている。そのため、半具体物やデジタル教科書の活用、書画カメラ、電子黒板の活用を推進してきた（平成26年度よりうるま市全校に書画カメラ、電子黒板が導入された）。

③理解確認

習得したことが理解できているかを挙手などで把握したり、ペア学習を取り入れたりしている。

④理解深化

理解深化を図るために、子ども同士の説明・教え合い活動の場を設定している。ミニホワイトボードの活用、ノートと書画カメラの活用も有効であった。

写真1　ペア学習の様子

⑤自己評価

授業の最後に、本時のめあてが達成できたか自己評価をさせている。児童のメタ認知能力の育成とともに、教師自身の授業の工夫・改善につなげるのに有効であった。

写真2　グループ学習の様子

(6)「うるま市具体的実践9項目」と「教えて考えさせる授業」の関わり

さきに述べたとおり、うるま市教育委員会が推進する実践項目との関わりを表にした。実践9項目も「教えて考えさせる授業」も、ごく自然な授業の流れではないかと考える。

教えて考えさせる授業		実践9項目（番号は項目番号）
教える	予習	⑧家庭学習との連動
	教師の説明	①ねらいの明示 ②教材・教具・説明 ③板書の工夫
考えさせる	理解確認	④言語環境・言語活動 ⑤形成的評価と補習指導 ⑥活用する場の設定
	理解深化	
	自己評価	⑦自己評価の実施

※実践9項目「⑨学習習慣の確立」については，授業の根幹としてどの授業形態においても実践されるべきと考えている。

【実践9項目からみる，「教えて考えさせる授業」の推進状況】

・「教える」段階にあたる実践9項目の①～③については，日常的に意識されて取り組まれている。板書に関しては，児童のノートを意識した教師ノートを作成し，板書計画に活かしている（写真3）。

・実践項目の④についてはやや課題が残る。写真1，2（p.183）のようにペア学習，グループ学習も実際に行われているが，必ずしも毎時間取り組まれているとはいえない（形成的評価はかなりできている）。

児童が基礎的・基本的事項を確実に理解できているかどうかは，自分の理解したことを「説明できる」か否かでその理解度をみることができる。さらに，説明できることが次の理解深化につながるとともに，児童に自己肯定感，有用感を与え，学習意欲の向上にもつながる（児童の様子や児童感想から）。

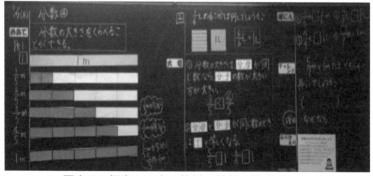

写真3　板書の工夫，教材・教具・説明の工夫

つまり,「教えて考えさせる授業」における本校の課題は「考えさせる」段階にあるといえる。諸学力調査の結果がそれを示している。基礎的・基本的事項（全国学力・学習状況調査や県到達度テストにおけるA問題など）は県,全国平均に近いが,B問題は正答率が低い。しかし,B問題などにおける無答率が市,県と比較しても低く,チャレンジしようという児童の意欲の表れとみることができる。これは考えさせる段階の,ペア学習,グループ学習における「説明する」という学習活動に起因している。このことは次に示す各学年の成果の中から読み取ることができる。

④ 取組の成果と今後の課題（各学年の報告から抜粋）

(1) 成果

①1年
・「教えて考えさせる授業」の流れで,ノートをまとめることができるようになった。
・「教えて考えさせる授業」の流れが決まっているので,下位の児童にも授業の内容がわかりやすい。
・振り返りでは,マークで理解度を確認していたが,後半は,「わかったこと」や「むずかしかったところ」が書けるようになった子もいる。

②2年
・算数の授業の流れがパターン化していて,子どもも活動しやすそうである。
・板書とノートの連動が計画的にできた。
・ICT活用（デジタル教科書,書画カメラ）で,教える内容がスムーズにできることが多かった。
・1学期の模擬授業やDVD視聴によって,「教えて考えさせる授業」のイメージの共有化が図られた。
・算数の全単元1,2回程度実施。国語や体育でも実施できた。

③3年
・「教えて考えさせる授業」の流れが,ほぼ児童に定着してきている（ノートの取り方,振り返りの記述など）。
・確認問題でのリトルティーチャーの活躍,深化問題でのペアやグループでの学び合いの場が児童の学習意欲を高めていたように感じる。算数科学習が好きと答える児童がほとんどであった（下位の児童でも）。
・深化問題に取り組むことで,中・上位の児童の学力が伸びてきた。

④ 4年
- 「教える」段階の時間配分，理解深化での話し合い活動の時間確保は課題だが，授業の流れは児童に定着しており，ノートの使い方がよくなったり振り返りも書けるようになったりする子が増えてよかった。
- 学年での共通指導は充分できており，教具など，指導方法工夫担当の先生や学年で工夫して作ることができた。
- 他学年の授業を観ることで，自分の学年の指導の参考になった。
- 算数だったので，指導方法工夫担当の先生に指導案作成から教材研究を一緒に考えてもらえ，アドバイスももらえてすごく助けられた。

⑤ 5年
- 予習の習慣化ができた。
- ペア説明（教え合い）により，下位の児童は友達からわかりやすい説明をしてもらえてよかった。
- 言語活動の充実を意識して，授業を進めるようになった。
- 算数用語を使って筋道を立てて説明できるようになってきた。
- 学習規律の定着が図られた。
- 全単元1，2回程度実施。ある程度実施できた。体育でも実践している。

⑥ 6年
- 算数で各単元3回程度実施。指導内容を確認し，適切な場所で実施している。
- ペア学習やグループ学習の場において，個々の思考の手助けとなることができた。

(2) 課題（全体共通の課題を抜粋）

- 「教える」段階での時間配分に苦戦した。
- 理解深化の問題までたどり着けないことが多い。
- 「教えて考えさせる授業」の低学年型モデルがあるとスムーズにいく。
- 操作活動を多く取り入れたいが，「教えて考えさせる授業」にどう盛り込むか工夫が必要だと思う。
- 教師がポイントをしっかりしぼりきれているのか，時間をかけた教材研究が必要である。
- 「教えて考えさせる授業」においては，教材研究する上で隣学年で同じ単元を決めて実践する隣学年研ができると，より互いに深まった教材研究ができるのかなと実

感した。
　（例：3年分数→4年分数）（共通点→つながり，見通しをもって）
・今年度作成した各学年の教材・教具など一部または1セットでも集めて使える場所に保管してもらえるとよい。
・予習の内容やさせ方，課題（理解深化問題）の与え方が課題である。

⑤ 終わりに――「教えて考えさせる授業」に期待すること

　本校に赴任して1年，日常的に先生方の授業を見せていただいたが，どの先生も教室にあたたかく受け入れてくれたことに感謝している。授業について質問したり，されたりと有意義な1年間を過ごすことができた。この1年，次のような点で1学期と3学期の学習スタイルなどの変容を大きく感じた。

・児童の話し合い活動（説明活動）が増えた（ペア学習，グループ学習）。
・電子黒板，書画カメラを効果的に活用できるようになった。
・児童の表現活動に工夫がされるようになった（ICTの活用，ミニホワイトボードなど）。
・先生方の教材研究が深くなってきた。
・算数以外でも「教えて考えさせる授業」を独自に実践する先生が出てきた。

　本校では算数科を中心に「教えて考えさせる授業」の実践研究を進めてきたが，4年間継続してきたことでその成果がみえつつある。「教えて考えさせる授業」は児童の自主性を育み創造性を育てる学習形態であると実感している。

　はじめは，「教える」という言葉に目がいき，詰め込み指導と考える教師もいたが，中身を知るにつれ，教材研究が深くなり，児童の活動（思考）に思いをはせるようになる。実践をしての教師の大きな変容であろう。児童の活動に目を向けることで，児童は自己有用感を感じ，「算数が好き」になる。学力の数値も向上してきたが，何より生き生きと自分の考えを説明できる児童が増えたことに喜びを感じている。

　今後も継続して実践研究を進めていくが，「下位の児童でも学習意欲が高まった」とあるように，取組をこれまで以上に充実させ，本校の児童が活発に意見を出し合い，教師と共に学び合える学校づくりを「教えて考えさせる授業」に期待している。

§4 [大阪府] 貝塚市立東山小学校

課題の難易度を下げずにすべての子どもがわかる授業を目指す
―算数科を中心とした取組を通して―

●貝塚市立東山小学校研究部

① 「教えて考えさせる授業」導入の経緯

　本校は，開校当初から，特別支援教育の視点を踏まえた「授業のユニバーサルデザイン化」を考え，「誰もがわかりやすい授業づくり」に取り組んできた。

　特別支援学級在籍の児童や通常学級における特別支援対象児童の割合が多くなっている現在，どの児童にも得意・不得意があり，その不得意な部分で授業がわかりにくくならないように，指導法や環境要因を整えていくことが重要であると考えた。そして，「誰もがわかりやすい授業」を，授業内容の量や課題の難易度を下げるような授業ではなく，すべての児童が主体的に参加し，わかることで自信をもち，自分の言葉で学びを語り合えるような授業ととらえた。

　そこで，東京大学大学院の市川伸一教授が，「すべての子どもに学ぶ意欲と深い理解を育むこと」を目指して提唱されている「教えて考えさせる授業」に取り組んだ。「教

学校紹介

　本校は，大阪府貝塚市内の山手に位置する東山丘陵を開発した新興住宅街に，平成22年4月に開校した新しい学校である。開校当初，200名に満たなかった児童数が，7年目を迎える現在は約650名となり，24学級（内特別支援学級5学級）の中規模校となった。教職員数も14名から33名となった。

　児童は，目指す子ども像「あいさつする子・しっかり学ぶ子・たのしく遊ぶ子」の頭文字をとった「あしたの約束」を合言葉にして，全体的に，規範意識も高く，素直である。学校行事や授業参観日などへの保護者の方の出席率は高く，地域の方々も学校の取組に対して協力的で，徐々に交流が深まってきている。学校・家庭・地域が一体となった教育コミュニティの構築を目指し，新しい街づくりの一翼を担うことができるよう「信頼を得る学校づくり」に努めている。

　また，新設校としてのスタートをきるにあたり，児童も教職員も新たな学校を創り出すことを喜びととらえ，教職員一同が知恵をしぼり，児童たちと一体となって，様々な取組を実践してきた。その1つが「教えて考えさ

えて考えさせる授業」は，意味や概念の理解という教科学習の中核的なテーマを，受容学習と問題解決学習の長所を組み合わせて効果的に達成しようとする習得の授業である。指導者が，教えることと考えさせることを整理し，意味理解を重視するとともに，後半でやりがいのある課題を，学力の優劣や発達障害の有無にかかわらず，すべての児童が主体的に学び合う授業を行うことができれば，本校の目指す「授業のユニバーサルデザイン化」が推進できると考えた。

　貝塚市教育委員会や小中学校，あわせて7か所から転勤してきた教職員が，新設校を立ち上げるために，児童の実態をつかみながら手探りで実践を重ね，じっくりと「教えて考えさせる授業」について取り組んだ。その中で，前述の「授業内容を少なくしたり，課題の難易度を下げたりせずに，すべての子どもにわかりやすい授業」の実現が可能であると実感できた。

② 校内の体制づくり

　校内研究のテーマは，平成22年度から平成25年度までは「しっかり学び，ともに高め合う子の育成～授業のユニバーサルデザイン化を通して～」を設定した。平成26年度は「わかりたい　伝えたい　学び合いたい～算数科における『教えて考えさせる授業』の実践～」として，自主公開授業研究会を行った。平成27年度以降は，従来の算数科の実践を継続させながら，校内研究のテーマは「伝える，つながる，学び合う～国語科における『教えて考えさせる授業』の実践～」となり，国語科の研究を重点的に行っている

せる授業」の研究である。平成26年12月6日に，5年間の研究のまとめとして自主公開授業研究会（研究主題「わかりたい　伝えたい　学び合いたい～算数科における『教えて考えさせる授業』の実践～」）を行い，約200名の参加者の皆様から貴重なご意見をいただいたことで，これまで培ってきた教員の授業力や児童の学び合う力を，さらに高めることができたと考えている。

る。年度ごとに研究体制も変化してきているが，おおむね次のとおりである。

(1) 研究組織

校内研修部で，研究についての企画・検討を行っているが，開校当初は全教職員で構成した。教職員数の増加に伴い，現在は生活指導部・人権教育部・校内研修部の3部会の1つとなり，各学年1名以上と専科教員などの約10名で構成されている。

研究主任を中心に部会で企画・提案を行い，校内研修部員はその検討・決定事項を学年に周知するとともに，検討事項についての学年の意見を研究主任に伝える。研究主任はその集約を行い，全学年が一致した意見であれば企画委員会（管理職・学年主任・各部主任などで構成）で決定事項とし，いくつかの異なる意見が出た場合は，職員会議で検討をする。また，研究授業後の協議内容や講師の先生からご指導いただいた内容などを全教職員に周知するために「校内研究通信」を発行している。

(2) 研究授業

研究授業を年間6本行っているが，算数科や国語科など研究教科の研究授業は，年度によって3～6本と異なる。また，算数科の「教えて考えさせる授業」を研究授業として実施した場合でも，「教えて考えさせる授業」の観点から教材研究，授業の流れや発問などについて研究討議をする時もあれば，「授業のユニバーサルデザイン化」の観点から，授業の構造化や子ども同士をつなぐ学び合いの在り方などについて研究協議を行う時もあった。

研究協議では，三面騒議法により小グループで授業の成果や課題を話し合い，代替案も含めて検討を行う。その後，全体討議で各グループの発表をもとに，時には講師の先生にも参加いただきながら，1つの代替案をまとめることで全教職員が共通理解を深めている。最後に講師の先生方からいただいた指導・講評を，全教職員が，日々の実践や次回の研究授業に活かすこととしている。

(3) その他

①講演会など

市川伸一教授を平成23年から年1～3回招き，授業検討会に参加していただくとともに，児童や保護者への講演をしていただいた。

また，平成25年度から，貝塚市教育委員会が日本大学の篠ケ谷圭太准教授を招いて実

施している学習指導相談会を活用し，本校の校内研修の講師を務めていただいた。

②校外の研修会・公開研究会への参加

「教えて考えさせる授業」について理解を深めるために，東京の「教えて考えさせる授業」セミナーに毎年数人の教員を派遣したり，岡山県などの小学校の公開授業研究会に教員を派遣したりした。また，「教えて考えさせる授業」以外の様々な公開授業研究会にも参加し，それらの相違点を確認してきた。

講師の先生方を交えての研究協議

③公開授業研究会の実施

平成26年度の算数科における「教えて考えさせる授業」の自主公開授業研究会を通して，教職員の意識を高めるとともに，研究についての成果と課題を校外に発信した。

③「教えて考えさせる授業」の実践

開校から5年間，算数科における「教えて考えさせる授業」の研究を積み重ねてきたが，様々な面で試行錯誤を繰り返した。1年目，ほとんどの教員が前任校で自力解決型の授業に取り組んでいたことから，考える力を伸ばすことを大切にしていきたいとの意見が強かった。

そこで，「教えて考えさせる授業」の「考えさせる」段階を重要視しながら研究を始めた。その結果，「考えさせる」部分を時間的にも内容的にも充実させるためには，「予習」「教師の説明」の在り方や，児童が主体的に学び合うための手立てなどについて研究することが必然的に必要になった。

現在の算数科についての基本的な流れは次の表のとおりである。

算数科における「教えて考えさせる授業」の基本的な流れ

予習	授業の概略と疑問点を明らかにする。
	・この時点で各個人の課題を明確にして授業に臨む。 予習コメント（なぜ質問など）を設定し，公式などの手続きが「なぜそうなるのか」を考えさせる。ただ「おぼえた」「できる」だけではなく，教師の説明を終えて，その手続きのメカニズムをしっかり理解できるようにする。

教師の説明	Ⅰ 教材・教具・説明の工夫をする。
	・児童がどこでつまずきやすいかを考え，短く効果的な説明を心掛ける。様々な教材・教具を用いることも重要である。場合によっては，パワーポイントなどでプレゼンテーション形式の提示も有効。また，テレビで提示する時は，子どもの思考を考え，テレビが黒板の説明と近くになるように設置する。
	Ⅱ 対話的な説明を取り入れる。
	・対話を交えて児童の理解状態を確認しながら説明する。教師による一方的な説明ではなく，また教科書通りの説明・＜大切＞を設定するのではなく，より児童が理解しやすくなるよう工夫し，教科書を超えた説明を目指す。 ☆＜大切＞とは，その時間で習得してほしいことをいう。
理解確認	予習，説明した内容をもとに，練習問題を解く。
	・個人で考える時間を確保した後，ペアなど小グループで説明し合う。練習問題をさせることで，教師から「説明」したことがわかっているかどうかの確認をする。ここでは，友達に説明することを前提として個人で考え，その後，ペアなど小グループで説明し合う。説明し合うことによって，理解をより確かなものにすることができる。
理解深化	理解を深める課題や発展的な課題の問題解決学習に取り組む。
	・個人で考えた後，ペアやグループで協働学習に取り組む。多くの児童が誤解していそうな問題や，教えられたことを使って考えさせる発展的な課題を用意する。児童が揺さぶられるような課題を設定し，個人で考えた後，小グループなどで意見を出し合い，理解をより深いものにしていく。 ☆理解確認，理解深化場面ではともに「学び合い」による相互の説明を大切にしていく。わかったつもりでいても，うまく説明できなかったり，友達にわかってもらえなかったりすることで，本当の意味で理解していなかったことに気づかせることもできる。学び合うことで，より理解を深めることができる。
自己評価	授業の振り返りをする。
	・わかったこと，わからなかったことを明確にする。その時間の授業を振り返って，「授業でわかったこと」「まだよくわからないこと」「本時でどう理解が深まったのか」「新たな課題が見つかったか」などを共有するため，大切にしていきたい。そうすることで，教師は児童の理解度を知ることができるし，それに対してフォローしやすくなると考えられる。また，その時間に学んだことの定着を図るためには，振り返りは欠かすことができない。

(1) コンパクトでわかりやすい説明をする

①説明などの工夫

・研究を始めた当初は，授業の前半に時間をかけてしまい，理解深化での十分な時間

確保が困難であった。そこで，教える場面でいかにわかりやすく，スマートに進めていくかが重要なカギとなった。特別支援教育も視野に入れながら，視覚化・焦点化できる教材・教具の再開発をした。
・板書に関しては，学習の軌跡がわかりやすいような板書を心掛けた。特に，パワーポイントに関しては，アニメーションでわかりやすいが，消えてしまうことを意識して，残しておける教材を用意しなくてはならないことを確認した。
・教師も児童も1時間のめあてを意識できるように，黒板に「この時間のめあて」を書くようにした。

②価値ある予習

・「教科書を読んでくる」「次の授業で大切なところをノートに写してくる」「教科書を読んで，問題を解いてみる」などの予習を2年目から本格的に取り入れた。予習のメリットとしては，1つめは，授業を受ける前に自分で「どこがむずかしく，何を学びたいか」（学習課題）がわかる。2つめは，算数が苦手な児童にとっては，事前にどんなことを学習するのかを確認することで，不安を和らげることができる。3つめは，児童が書いた予習コメントを，教師が授業前に見ることで，一人一人が予習をしてどう感じたのかを事前に知った上で，授業を進められる。
・3年目の平成24年度の3～6年生児童対象の授業アンケートの結果，9割以上の児童が予習段階で課題を明確にし，授業に臨むことができていた。平成25年度に予習の見直しをした。従来までの予習に加え，問題の解き方や公式などが「なぜ」成り立つのかまで考えてこさせる予習を取り入れた。そこで疑問点や考えをもつことによって，児童がより主体的に授業に取り組めるとともに，授業に対する満足度を高めることができると考えた。予習が習慣化できた現在，子どもたちにとって，予習は自分で問題を考える時間として位置づけられていると思われる。

③困難度査定の導入

・平成25年度の「教えて考えさせる授業」セミナーで，子どものつまずきを予想した「困難度査定」について学び，5年目から単元全体や本時の授業における困難度査定を行った。それに対しての手立てを教材研究の中で検討することで，説明のポイントなどを教師が意識することができた。

(2)「考えさせる」活動を充実させる

①理解深化問題の整理

- 1年目，理解深化問題の作成がむずかしいという教員の意見があった。そこで，パターンを整理した。「虫食い問題」「間違い探し（なぜそう間違えたのかも考えさせる）」「発展問題（教科書のステップアップ問題などを参考に）」「逆の発想（答えから式や問題を考える）」など，児童が，教師の説明から理解確認までで学習したことを使って，主体的に解いてみたくなるような問題を設定した。
- 2年目，理解深化問題は，ただ単にむずかしい問題やひねられた問題にするのではなく，＜大切＞に戻ることができる問題であることが重要だと確認した。その理解を「深化させる」ための問題になっているかどうかを重要ポイントとした。
- 平成26年度から配置された少人数指導担当者が，3～6年生の算数科全単元において，学年集団と検討しながら，1時間ごとのめあて，＜大切＞，理解確認問題，理解深化問題を明記した指導計画一覧表を作成した。毎年，この指導計画表をもとに，改善を図っている。また，児童の実態や教師のねらいに応じて理解深化問題をアレンジできるようになってきている。

②主体的な学び合いへ

- 考えさせる場面で班学習を取り入れた当初，「グループでわからない児童がいたら，教える」といったスタイルでやっていた。しかし，それではわからない児童の主体性・積極性が伸びない。そこで，わからないことがあれば，「グループの友達に自分から質問する」ということが大切であることを指導し，自分で学びを取りにいかせることを重視した。
- 4年目，下記のペア学習のめあてを児童に意識させた。

    ○2人とも解けない→自分ができたところまでを発表し合い，考える。
    ○2人のうち1人が問題を解ける→解けない子がわかるように説明する。
    ○2人とも問題が解ける場合→全体発表での説明の仕方を相談する。

    また，問題が解決した後のグループ学習のめあてとしては，全体発表に向けてグループ内で板書役，説明役など

ペア学習の様子

役割を決めさせた。その際，毎回同じ児童が説明役をするのではなく，どの児童も説明役を担当できるように意識させた。
・学び合いの活性化に向けて，授業の中で児童同士が安心して学び合えるための足場づくりとして人間関係の形成，環境づくりを意識した。座席は人間関係，クラスの目的に合わせて指導者が設定した。また，『教室は間違うところだ』（蒔田晋治・作，長谷川知子・絵，子どもの未来社）の絵本を読み聞かせるなど，わからないと言える学級の雰囲気をつくることや，自己評価の時に「○さんの説明でよくわかった。ありがとう」などの友達への感謝を取り上げ，説明した児童の自己肯定感を高めることなどを心がけた。

学び合いでの話し合いを活発にするための工夫

○ひとり学習で必ず自分の考えをノートに書かせる。
○相手の方を必ず向くように，前後でペア学習させる。
○うまく説明できているペアを手本としてほかの児童に示す。
○振り返りの際に，友達との学び合いで「元気メッセージ」として友達の伸びや知ったことを書かせ発表してもらう。
○グループ学習の際は，敬語でなくてよいことを伝える。
○説明が上手だった時は，教師が具体的によかったところを伝える。

・4年目の平成25年度の2～6年生児童の算数アンケートの結果，1学期と3学期の比較を行うと，すべての項目で肯定的評価の数値が上がった。

　　○学び合いは楽しいか　　　　　　　　　　　　　　　83%→89%
　　○友達に説明して，自分もよりわかるようになったか　66%→75%
　　○友達に説明してもらって，わかるようになったか　　84%→91%
　　○問題を考えるのは楽しいか　　　　　　　　　　　　77%→85%

また，次のような児童の意見があった。

◇友達の説明のいいところ

　・(5年) 答えを教えるのではなく，どこがわからないのかを聞いてくれて，なぜそうなるのかまで教えてくれるところ。
　・(4年) 全部教えるのではなく，「どう？」とわかりやすく話すところや，どうしたら，うっかりミスがでないか教えてくれるところ。
　・(3年) 「例えば」を使ったり，「これをこうしたら，どうなる？」と聞いたり

してくれるところ。
　◇友達に説明していてよかったこと
　　・（6年）「じゃ，このときは？」と質問されて，自分もわからなくなって一緒に考えたら，最後は2人で「なるほど」となってうれしかった。
　　・（5年）自分のわかりきっていないところがわかったり，自分のつまずきが確認できたりすること。
　　・（2年）頭の中で考えがまとまったり，友達が間違いに気づいたりしてくれるところ。

③「わかる」の3段階を意識して
・平成25年度から，より深い理解を目指すため，理解のレベルを3段階に設定し，児童に自分がどの段階かを意識させた。そのことで，考えさせる場面で，「わかったつもり」から本当の意味理解を目指す習慣ができた。
　○第1段階「問題が解ける」
　　与えられた課題を解くことができる。
　○第2段階「わかっている子が聞いてわかる説明ができる」
　　言葉たらずの部分を相手が補って理解してくれる説明ができる。
　○第3段階「わかっていない子が聞いてわかる説明ができる」
　　課題が解けない相手を，解けて説明できるくらいわかるようにする。

(3) 子どもも教員も同じ方向で

①「かがやきノート」の活用

　研究が始まった当初，毎時間の算数科の授業において，指導する教員も受ける児童も「教えて考えさせる授業」を意識できる方法として自作した「かがやきノート」（授業の中で，どの子も輝いてほしいという願いをこめて名づけた）の存在は有効であった。毎年，教員，児童へのアンケートなどを通して改善を図り，平成25年度版は，教員の意見から，全学年が5mm方眼のノートであったのを，1・2年生は，10mm方眼とした。平成28年度版は，さらに15mm方眼のノートも作成した。

②授業の構造化

　平成24年度から小中連携の取組として，同校区の小中学校が授業の構造化に取り組んでいる（平成27年度から連携型小中一貫教育校となった）。どの教科の授業でもできる限り個人（I）・グループ（G）・全体（A）学習を活用することとなった。本校では，

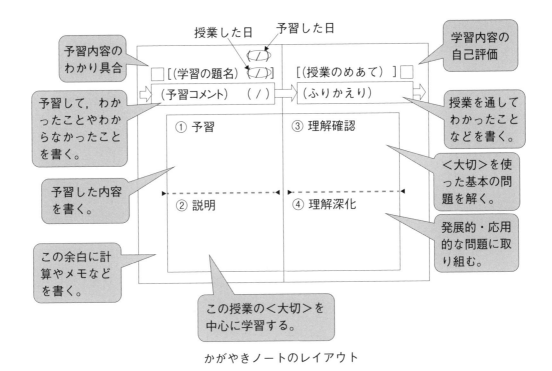

かがやきノートのレイアウト

「教えて考えさせる授業」にこの授業の構造化を重ね，グループ（G）学習の中にペア（P）学習も取り入れ，授業中に「話や説明をさせる」ことを大切にしていった。また，グループ（G）学習の効果を高めるため，個人（I）学習の時間をしっかり確保することも確認した。

なお，授業の始めの「めあて」に加えて，最後に「ふりかえり」を徹底することも構造化に盛り込んだ。「ふりかえり」を書かせることで，児童は自分の理解や疑問などを言語化することができ，時間が経った後でも自分の思考を見直すことができるようになった。教員はそれに目を通すことで，児童の理解度を把握したり，授業の反省をしたりすることができるようになった。

これらのことにより，授業スキルは違っても授業が構造化されているため，初任の教員でもベテランの教員と同じような授業の展開がしやすくなった。

④ 取組の成果と今後の課題

(1) 成果

・児童が，授業の枠組みを理解し主体的に授業に取り組んでいる。予習で見通しをもち，説明を自分なりの目的をもって聞くことができている。考えさせる場面での学

び合い活動も，ペア学習やグループ学習のめあてをもとに積極的に行っている。また，理解確認のあとの理解深化を楽しみにする児童も多い。「問題がとける」ことが目標ではなく，本当の意味理解を重視することも児童に浸透してきている。
- 全国学力・学習状況調査の結果，平成26・27年度は，算数A・B問題において，本校の平均正答率が全国の平均正答率を上回ることができた。
- 「教えて考えさせる授業」を研究する中で，「考えさせる」場面を充実させるためには「教える」技術の向上が重要であり，児童のモデルとなる説明の仕方の研究も必要であると認識できた。
- 7年の継続した取組の結果，「教えること」と「考えさせること」を教員が精査し，明確な意図をもって授業に臨むことで，授業内容の量や課題の難易度を下げず，すべての児童が主体的に参加し，わかることで自信をもち，自分の言葉で学びを語り合えるような「誰もがわかりやすい授業」が実現できると実感できた。

(2) 課題

- 毎年，教員の入れかわりがあり，教員集団の中で「教えて考えさせる授業」についての研究年数にばらつきが出てきている。4月の始業式前に全教職員で「教えて考えさせる授業」についてのオリエンテーションを行うが，新たな教員は，時間配分や学び合いの深め方など，本校が開校当初に悩んだ部分を1から通過しながら指導方法を確立していく。しかし，その経験があってこそ形だけの「教えて考えさせる授業」にならず，教材研究や困難度査定にしっかり取り組む必要性を実感し，「すべての子どもに学ぶ意欲と深い理解を育むこと」を目標とした「教えて考えさせる授業」を実践できるようになる。
- 保護者からは，児童の学力保障の観点から「教えて考えさせる授業」を継続してほしいという意見がある。本校勤務の年数が長い教員が中心となって，学年集団や校内研修部でしっかり継承していくことが大きな課題である。

教員同士で頭をつき合わせて教材研究

■執筆者一覧 （執筆順，所属は2016年7月現在）

東京大学大学院教育学研究科	市川伸一	Part 1 §1, 2, 4　Part 2 §19, 20
東京大学大学院教育学研究科	植阪友理	Part 1 §3　Part 2 §8
美作市立勝田小学校	衣畑味里	Part 2 §1
倉敷市立大高小学校	古家野恵理	Part 2 §2
八戸市立長者小学校	八嶋俊次	Part 2 §3
うるま市立平敷屋小学校	仲間悦子	Part 2 §4
小諸市立美南ガ丘小学校	木内真子	Part 2 §5
袋井市立高南小学校	大石和正	Part 2 §6
倉敷市立大高小学校	渡邉貴司	Part 2 §7
貝塚市立東山小学校	高木ゆき・中村大輔・西原和隆	Part 2 §8
小諸市立美南ガ丘小学校	油井玲子・糊澤貴子	Part 2 §9
岡山市立第二藤田小学校	西本慎一郎	Part 2 §10
須坂市立仁礼小学校	中井光一	Part 2 §11
品川区立第二延山小学校	坂本　敦	Part 2 §12
佐久市立岩村田小学校	櫻井　武	Part 2 §13
美作市立勝田小学校	山本輝美	Part 2 §14
世田谷区立塚戸小学校	松川智子（実践当時・品川区立第二延山小学校）	Part 2 §15
横浜市立千秀小学校	佐藤　学（実践当時・品川区立第二延山小学校）	Part 2 §16
箕輪町立箕輪北小学校	二木かおり	Part 2 §17
倉敷市立大高小学校	藤原亜紀子	Part 2 §18
八戸市立長者小学校	花生貴美子	Part 2 §19
福島市立鎌田小学校	門馬いずみ	Part 2 §20
室蘭市立八丁平小学校	難波茂伸	Part 3 §1
品川区立第二延山小学校	小泉一弘・本永啓子	Part 3 §2
うるま市立宮森小学校	山城博志	Part 3 §3
貝塚市立東小学校	深井利恵子（実践当時・貝塚市立東山小学校）	Part 3 §4